AF366496

LES VICTIMES

DE

L'INQUISITION,

OU

LES CRIMES D'UN MOINE,

Roman historique,

PAR LEYNADIER.

Auteur des *Gitanos.*

4

PARIS,

CHARLES LACHAPELLE ÉDITEUR,

RUE SAINT-JACQUES, 38.

1839.

Si l'on présume que de nouveaux frais viendront s'ajouter à ceux qui ont été enregistrés d'abord, on laissera, à la suite de ces derniers, une place suffisante, pour leur inscription, afin que tous les frais relatifs au même acte, ne formant qu'un seul article, au livre d'étude, on puisse, lorsqu'il s'agira d'établir le compte général de frais d'un client, opérer leur relevé avec promptitude et facilité. J'ajoute que la prévision sur ce point étant souvent incertaine, on fera bien, à l'exemple de plusieurs notaires, de diviser les folios du livre d'étude, par cases, d'un nombre de lignes, le même pour toutes, et tel, qu'il puisse suffire à l'inscription détaillée de tous les frais que peut entraîner la passation d'un acte quel—

effets à recouvrer
d'être égaux.

S'il existe une d
on parviendra néc
par l'application
c'est-à-dire :

En ce qui tou
inscriptions au dé
couvrer : au moy
chacun d'eux, av

Et à l'égard, so
leur entrée ait été
sortie, en génér
chiffre de chaq

LES VICTIMES
de l'Inquisition.

LES VICTIMES

DE

L'INQUISITION,

OU

LES CRIMES D'UN MOINE,

Roman historique,

PAR LEYNADIER.

Auteur des *Gitanos*.

PARIS,

CHARLES LACHAPELLE ÉDITEUR,

RUE SAINT-JACQUES, 38.

1839.

X.

LE MASSACRE.

> De franc ne de chetif n'ot merci ne
> pitié.
>
> THIBAUT-LE-TRICHEUR.

Revenons à Saphor.

Sous l'obsession de mille pensées fatales,
qui toutes révélaient un danger ou une tra-

hison, il arriva à la Bessède et pendant qu'il pénétrait dans le château par une poterne dont l'entrée n'était connue que de lui, les croisés s'y ruaient par les brèches des murailles.

Alors et comme pour expliquer les accens de la voix mystérieuse sortie des ruines du temple de Flora, eut lieu le plus évouvantable massacre dont les annales de sang de cette époque fassent mention.

Dans le château restaient encore huit cents survivans, dont la majeure partie se composait de vieillards, de femmes et d'enfans qui s'y étaient réfugiés. Rangés en ligne sur les glacis, ils attendaient la mort sans crier pitié ni demander merci.

Les croisés, la hache en l'air contemplaient avec avidité cette orgie de sang, ces huit cents têtes à abattre. Aucun d'eux ne reculait devant cet horrible massacre. Sensuels jusque dans leur férocité, ils hésitaient pourjouir plus long-temps de l'agonie morale de leurs victimes. Tout à coup, à un signal donné, comme une avalanche qui se détache du flanc d'un mont, ils se ruèrent impitoyablement sur ces malheureux, tuant, tuant, tuant sans cesse, sans égard pour le sexe ou l'âge. Ils faisaient un pas, levaient le bras, et un homme tombait. Ils marchaient, marchaient bavant, grinçant des dents, prenant plaisir à leur œuvre de massacre , aspirant le sang des yeux, furieux forcenés, abattant la tête d'un parent , d'un ami sans la reconnaître. Les vieillards, les hommes envisageaient la mort sans trembler : les femmes, les enfans poussaient des hurlemens affreux, et les croisés frappaient toujours, répondant à un cri par la chute d'une tête, et, à chaque pas, diminuant d'une voix ce concert de gémissemens. Puis lassés de frapper, ils supplicièrent ceux qui restaient, donnant longuement la mort

avec des tortures inouies, épouvantables à voir
impossibles à décrire, faisant pendre les enfans
par leurs mères, morcelant les chairs avec des
tenailles et des poignards rougis, et, pour
comble d'horreur, ouvrant le ventre aux
femmes, les bourrant de son, et, encore toutes
vivantes, les jetant en pâture à des pourceaux
affamés (1).

Saphor et cinquante des siens furent épar‑
gnés pour être brûlés devant Toulouse.

Maudissant la pensée fatale qui avait pro‑
voqué son éloignement de la Bessède, il accu‑
sait le ciel, la terre, tout. Dans sa rage il
mordait ses poings, les rongeant jusqu'aux os.

Llinda loin de lui n'était pas non plus sur des
roses.

Douloureusement impressionnée par tant
d'incessantes angoisses, cette infortunée, depuis
sa miraculeuse résurrection ne conservait, dans

(1) Historique.

certains momens, d'extérieurement viable qu'
la vue. Ses autres facultés physiques restaient
plongées dans un état complet de prostration.
Pendant ces fréquentes et terribles attaques,
dans ses yeux seuls se révélait un indice de
vie; miroirs fidèles de son âme, ils en repro-
duisaient l'agitation et la souffrance. Tout le
reste paraissait moins appartenir à la nature
vivante qu'à la nature morte. Et alors ils étaient
effrayans ces yeux mobiles et animés sur une
face et un corps de cadavre. Mais en eux se
peignaient tant de tortures : ils demandaient
pitié d'un air si humble et si souffrant, que
leur simple regard arrachait des larmes d'at-
tendrissement et de compassion.

Pendant les courts intervalles de son état
normal, Llinda oublia tout pour ne penser
qu'à une chose, à la vengeance. Tant que
Guiraud n'avait été pour elle qu'une de ces
émanations malfaisantes que le ciel se plaît si

s ouvent à accoler à l'homme comme un orage toujours menaçant, elle avait patienté comptant sur le temps, sur sa résignation, sur Dieu. Mais dès que, outre-passant son mandat infernal, il l'eut engloutie dans le tourbillon de son impudicité, la vomissant ensuite comme une épave, souillée, flétrie, et plus que tout indigne de Saphor, oh ! alors la femme résignée disparut. Elle rêva du sang en échange de ces baisers impurs dont la seule pensée la glaçait comme le vent d'une avalanche.

Dans sa tête en feu roulèrent mille moyens plus ou moins praticables. Une reminiscence fatale lui rappela ce décret qui , hors les cas de prise d'assaut d'une ville , condamnait à mort tout homme convaincu d'avoir forniqué avec une hérétique. Elle se crut assurée d'une vengeance.

— O mon Dieu! s'écria-t-elle, je te remercie de m'avoir suggéré cette pensée ! S'il y a une ombre de justice parmi ces hommes je serai vengée : car je suis hérétique ! Depuis long-temps à défaut de mes lèvres, mon cœur a abjuré la religion du pape, cette religion d'assassins. Le jour où je l'ai embrassée j'ai perdu mon père , pouvais-je l'aimer? dès ce moment j'ai été hérétique de cœur, oui je l'ai été, et Guiraud m'a souillée : d'après le décret il a mérité la mort ! Ah ! puissent au moins une fois les passions de ces hommes profiter à l'innocence et à la vertu ! Je publierai mon déshonneur : je ferai ma profession de foi : les hommes me mépriseront , me blâmeront peut-être, peu m'importe! je déclarerai tout, heureuse si ma honte et ma mort peuvent servir à ma vengeance !

Et sans réfléchir que le crime de Guiraud était justiciable de Dominique : sans penser aux conséquences de cette accusation, décidée à se faire justice elle-même si on la lui refusait, elle reprit la route du camp.

Sur un monticule dominant le camp des croisés était dressée une tente élégante et vaste, surmontée d'un drapeau noir frissonnant à tout vent. Là siégeait Dominique et le tribunal de sang qu'il avait institué. Tout autour, des soldats armés ou sans armes stationnaient par bandes ou par groupes, chuchotant entre eux et menaçant du regard et du geste deux ou trois chapelains qui cherchaient à calmer leur irritation. Leur nombre croissait toujours et leur audace avec leur nombre. Bientôt aux chuchotemens succédèrent des cris, aux cris des actes. Brandissant leurs armes avec rage, sourds à la voix des chefs, ils parcoururent les quartiers, semant partout l'insubordination et grossissant leur nombre dans leur marche, comme un fleuve ses eaux dans son cours : deux heures après ils revinrent à leur point de départ plus exaspérés et plus nombreux.

Ce fut alors une véritable sédition.

En voici la cause.

Les cinquante Bons-Hommes prisonniers à la Bessède avaient été expédiés sous escorte au camp de Toulouse pour y être brûlés. Saphor était avec eux. Trompant la surveillance de ses gardiens, il s'était évadé. Un faux rapport avait fait croire au camp que, non seulement Saphor, mais encore les cinquante Bons-Hommes avaient rompu leurs fers et recouvré la liberté.

A l'annonce de cette nouvelle, les croisés qui s'étaient fait une fête du supplice des prisonniers, trop féroces pour transiger avec des joies de cette espèce, s'étaient mis en pleine révolte. On leur avait promis l'érection d'un bûcher assez colossal pour brûler tous ces hérétiques en même temps, et la perspective de cet immense *auto-da-fé* avait trop flatté leurs goûts et leurs penchans sanguinaires pour qu'ils renonçassent sans compensation à cette joie promise, à cette fête de sang. Depuis plus de quinze jours aucun bûcher ne s'était allumé, et ils bramaient des ossemens d'hommes calcinés, ces défenseurs d'une religion de paix et de charité! On les avait leurrés d'un spectacle de cannibales et il leur échappait. Il leur en fallait un cependant, et Montfort n'avait pas encore imaginé, comme plus tard à la prise de Toulouse, celui de faire pendre les enfans par leurs pères.

Rassemblés par groupe, devant la tente où siégeait l'infâme triumvirat de Dominique, Pont de Saint-Gilles et Faugères de Miramont, ces bandes criaient à la trahison ! et se plaignaient hautement qu'on ne brûlât plus de Bons-Hommes. Vainement Dominique leur avait-il assuré qu'on avait envoyé à la poursuite des hérétiques, et que sous peu ils seraient rendus au camp et brûlés, ils ne voulaient pas attendre : ils étaient pressés de jouir et les cris redoublaient : à la trahison ! à la trahison ! La voix des chefs, celle des chapelains étaient méconnues. Il leur fallait une victime à ces forcenés ! les inquisiteurs n'en avaient pas : le ciel y pourvut.

Une femme encore jeune, les cheveux épars et les vêtemens en désordre, perça la foule en criant justice ! justice !

C'était Llinda qui venait dénoncer l'attentat de Guiraud.

Sans être intimidée par la foule qui encombrait les abords du tribunal, elle marcha toujours en criant : justice ! Sur sa figure

douce et belle se peignait une douleur si profonde et si vraie que les rangs s'ouvrirent pour
la laisser passer. On la plaignit sans la connaître, et ces mêmes hommes qui, forcenés et
furieux demandaient à grands cris des victimes et des bûchers, s'attendrirent à la vue
d'une souffrance dont la cause leur était incon-
nue.

Ce ne fut là du reste qu'une des mille in-
conséquences du cœur humain, œuvre in-
complète s'il en fut, bizarre assemblage de
bien et de mal, feuille de cire molle que pé-
trissent à leur gré les passions, et sur laquelle
s'empreint au hasard tout ce qui peut hono-
rer ou flatter, vices ou vertus, magnanimité
ou infamie.

Llinda pénétra dans la tente, et, à la vue de
l'un des juges, sa langue resta clouée à son
palais : ses genoux plièrent sous elle : elle
tomba.

Elle avait reconnu Dominique.

Dominique la reconnut aussi, et un sourire amer effleura ses lèvres.

Il y avait quelque chose d'inconcevable dans ce cruel hasard qui jetait Llinda des mains de Dominique dans celles de Guiraud et de celles de Guiraud dans celles de Dominique, lâches persécuteurs se haïssant mutuellement et, à l'insu l'un de l'autre, se renvoyant comme une balle cette malheureuse, jouet commun de leurs passions et de leur funeste ressentiment.

XI.

L'ÉPREUVE.

Du , boser geist!
O toi mauvais esprit !

SCHILLER.

Lasciate ogni speranza , voi ch'en-
trate !

Laissez tout espoir au-dehors, vous
qui entrez !

DANTE.

Dans sa fiévreuse soif de vengeance, Llinda
n'avait pas même prévu la rencontre inévita-
ble de Dominique. En le reconnaissant, elle

retomba dans une de ses fréquentes attaques qui, sans être la vie ou la mort, étaient à la fois l'une et l'autre.

A la vue de ce corps de femme gisant tout de son long et ne conservant d'animé que les yeux qui, supplians ou effarés, demandaient pitié ou criaient merci, se vitraient de souf-france ou s'animaient de désespoir, ces juges rassemblés pour obvier aux moyens de calmer la sédition, en remplaçant les victimes promises, s'intéressèrent à son sort.

Quelques mots de Dominique refoulèrent la pitié dans les cœurs.

— Elle est hérétique et excommuniée! dit-il.

Un morne silence accueillit ces paroles.

Dans ce moment les cris du dehors redoublèrent. L'allure des séditieux devint alarmante. Il n'y eut plus de transaction possible; il fallut un bûcher.

Par un mouvement instinctif, tous ceux qui étaient dans la tente jetèrent les yeux sur Llinda, et puis échangèrent un regard entr'eux.

Ils se comprirent.

Les paroles de Dominique avaient produit leur effet.

Cependant, Llinda, rendue à son état normal, promenait ses regards sur ceux qui l'entouraient, cherchant un visage bienveillant à qui elle pût s'adresser. Mais toutes ces figures de moines et de chapelains racornies et impitoyables comme leur âme, la glaçaient d'épouvante et refoulaient ses plaintes dans son cœur. Elle regretta d'être venue dans ce lieu : il n'était plus temps. On lui demanda ce qui l'amenait : elle parla. Déroulant en rougissant toutes les circonstances de l'attentat dont elle avait été victime, elle fut éloquente et sublime : on n'en tint compte. Enfin elle nomma Guiraud.

1.

Jusqu'alors, peu soucieux de venger l'injure de Llinda, Dominique l'avait écoutée d'un air assez distrait. Moins disposé à lui rendre justice qu'à profiter du hasard qui lui jetait cette malheureuse à la tête, il était resté froid, impassible comme un huissier de cour d'assises. Mais en entendant prononcer le nom de Guiraud, il parut s'animer et devint attentif comme un chien de meute au son de la fanfare annonçant un dix-cors. Il se pencha vers Llinda pour ne pas perdre une de ses paroles. Ses yeux devinrent brillans d'impatience ; ses lèvres bleuirent de colère. Ce nom avait réveillé deux passions dans ce cœur de moine : une vieille haine et une rivalité récente : une vieille haine fermentait sourdement, cachée dans un repli du cœur, rajeunie, ravivée par le dépit et la vengeance ; puis une rivalité récente, passionnée, impitoyable, enfant gâté d'une âme de fiel qui voulait lutter pour vaincre, et vaincre pour lutter. L'une avait eu sa source dans ces inconcevables caprices du cœur, d'où jaillissent au hasard des torrens d'amour ou de haine ; le château de la Bessède était la cause de l'autre.

Dominique et Guiraud se disputaient la possession de ce fief, pomme de discorde qu'une intervention mystérieuse semblait avoir jetée entre ces deux hommes. Guiraud la réclamait comme un prix promis à ses services ; Dominique comme une récompense due à son zèle. Appuyés l'un par les hommes de guerre qui voyaient avec déplaisir les prélats et les moines profiter seuls de leurs conquêtes, l'autre par les gens d'église qui ne laissaient échapper aucune occasion d'enrichir un des leurs, chacun d'eux avait d'égales chances de succès. En formulant contre Guiraud une accusation qui le rendait justiciable de Dominique, Llinda servait les prétentions de l'un, et ruinait celles de l'autre.

Tout autre que Dominique aurait su gré à Llinda du hasard qui la rendait utile à ses projets. Lui rêva deux victimes au lieu d'une. Par ce moyen la sédition serait plus facilement calmée.

Il ne se consulta qu'un instant avec ses collègues, et donnant à ses gens d'armes l'ordre d'aller arrêter Guiraud, il se présenta seul devant les soldats ameutés autour de la tente; il leur parla ainsi :

« Soldats, mes frères en J-C., l'esprit des
« ténèbres assombrit dans ce moment votre
« âme. Sans cela au lieu de hurler comme des
« loups affamés, vous tomberiez à genoux,
« et rendriez grâce à Dieu. Malgré vos blas-
« phêmes et votre indigne conduite, il a exaucé
« nos prières. Ainsi rassurez-vous, rentrez
« dans vos quartiers, écoutez les remontran-
« ces de vos chapelains, et fiez-vous à la pa-
« role de Dominique, qui vous promet la

« plus fine chair d'hérétique qui ait jamais
« alimenté un bûcher. »

Cette allocution de cannibale produisit un
bon effet. La foule s'écoula peu à peu, et l'air,
au lieu de cris de mort, retentit de louan-
ges et d'actions de grâces.

Dominique, debout devant la tente , les
bras croisés sur sa poitrine , suivait d'un regard de mépris ces longues files de mécontens , là comme partout, comme toujours,
masse imbécille et inerte, marionnettes ani-
mées à la merci du plus fripon ou du plus
adroit, dogues mal léchés dont un os à ron-
ger fait en tout temps taire la voix.

Il resta là quelque temps encore : mais quand
ses yeux de vautour eurent reconnu au loin
Guiraud entre les mains de ses gens d'armes,
il se hâta de rentrer , et disposa tout pour la
vengeance qu'il méditait.

Sous un dais en étoffe noire brochée d'argent, derrière une table recouverte d'un tapis noir, et sur laquelle on voyait un christ en ivoire, une dent mollaire du bon larron, l'os maxillaire de saint Antoine, le tibia de la Vierge, une côte de saint Ulrich, premier saint canonisé en 978, et d'autres reliques, siégeaient Dominique, Pons de St.-Gilles et Faugères de Mirarmont. A droite et à gauche, et sur des sièges moins élevés, étaient assis une vingtaine de chapelains et des moines de divers ordres. Sans avoir voix délibérative, ces derniers avaient droit d'avis et de conseil. Dans le fond et debout ou adossés contre des chevalets, des roues et autres machines à tortures, étaient des familiers et des questionnaires prêts sur un signe des juges, à exercer leurs fonctions redoutables. La salle était tendue de noir, des ossemens en sautoir, des larmes d'argent parsemées sur les murs, donnaient à ce lieu un aspect terrifiant et mortuaire :

comme dans l'enfer du Dante, on n'y entrait qu'en laissant l'espérance à la porte.

Ce fut là du moins la pensée qui avait frappé Llinda.

Au milieu de la salle, deux sièges vides étaient préparés. Les juges avaient fait signe à Llinda d'en occuper un ; mais terrifiée par tout ce qu'elle avait vu, elle était retombée dans une de ses fréquentes attaques, où elle ne conservait d'extérieurement viable que la vue. Pour la dérober aux regards Dominique l'avait fait recouvrir d'un linceul.

Lorsque Guiraud entra, tout était en ordre, la salle effrayante et sombre, les juges sur leurs sièges, les bourreaux à leurs places, et au milieu de l'enceinte, sous le suaire qui la recouvrait vivante, Llinda.

Loin d'intimider Guiraud, ce lugubre cérémonial parut doubler son énergie et son audace. Fixant effrontément Dominique, il sembla prêt à l'apostropher. L'inquisiteur le prévint.

— Guiraud , dit-il , je t'accuse d'avoir rompu tes vœux , d'avoir eu des relations intimes avec une sorcière nommée Brunelle , et un commerce criminel avec une hérétique, hors le droit prévu par le décret.

Dominique se tut. Guiraud sourit.

— N'as-tu pas entendu ? reprit Dominique.

— Quand la foudre gronde , dit Guiraud, je courbe la tête et je prie : quand un homme me menace , je le regarde en face , et je lui crache au visage.

— Je suis plus qu'un homme , dit Dominique sans s'émouvoir : je suis ton juge.

— Et moi , je suis moine de Cîteaux , reprit Guiraud sans se déconcerter. Nul sur la terre excepté Dieu et mes pairs , n'a le droit de me demander compte des motifs qui m'ont fait échanger ma robe blanche contre un costume de guerre , et mon missel contre une épée. Quant à toi, Dominique, je te brave et te défie de faire tomber un seul cheveu de ma tête. Toi qui oses tant , tu ne l'oseras pas.

Cette insolente bravade mit Dominique en fureur ; mais trop fier pour laisser percer son dépit et sa rage, il dit avec une mielleuse et feinte hypocrisie :

— Les motifs , je les connais , ce sont des crimes contre les saints canons, et des infractions aux bulles de notre saint père le pape. Mais comme miséricordieux avant tout , le tribunal veut plus le repentir du pécheur que sa punition, j'oublierai que j'ai la preuve de tes crimes , si, par un aveu public et sincère, tu veux ici en expier l'énormité et la honte.

— M'offrirais-tu par hasard un pardon , Dominique ?

— Le ciel seul peut t'absoudre.

— Et tu veux me juger ?

— Dieu et notre saint père le pape m'ont investi de ce droit.

— Sur la terre, mes pairs seuls le peuvent.

— Malheureux ! tout cède à ce tribunal, et tu n'y céderais pas, toi ?

— Je te brave.

— Qu'on le mette à la question.

Guiraud pâlit, Dominique sourit triomphant.

Les questionnaires s'approchèrent de Guiraud.

— Qui de vous, leur dit-il d'une voix à les faire trembler tous, osera le premier porter la main sur un prêtre, sur un moine de Cîteaux !

Ils reculèrent épouvantés.

Les juges se regardèrent muets d'étonnement.

Dominique vit l'indécision générale. Frémissant de fureur, et prenant d'une main le

christ en ivoire , et de l'autre un crêpe noir,
il se leva , se grandissant de toute sa haute
taille, et étendant ses bras en avant, il s'écria
d'une voix d'illuminé :

— Là , où l'impiété triomphe, il n'y a plus
de chrétiens. Voile-toi , ô mon Dieu , et pardonne au peu de foi de tes serviteurs !

En disant ces mots il voila le christ, et
d'une main l'élevant au-dessus de sa tête, de
l'autre il se frappa la poitrine avec force, psal-
modiant un *miserere* d'une voix lamentable et
traînante.

Il y eut quelque chose de si surnaturel dans
le ton , le geste et l'allure de Dominique , que
tous , juges et questionnaires tombant sponta-
nément à genoux , leurs fronts courbés vers
la terre se frappèrent la poitrine avec toutes les
marques d'une contrition sincère. Guiraud
seul debout, la tête haute, et promenant ses

regards sur tous ces hommes courbés, sembla plutôt les dominer que les craindre. Cependant à travers son audacieuse allure, dans les convulsions presque imperceptibles de ses traits et de ses mains, il fut aisé de voir que l'issue de cette scène l'inquiétait. Dans l'humiliant repentir de ses juges il vit sa condamnation : Dominique y lut son triomphe.

— Par ce christ, gage de notre salut ! par ces saintes reliques, sources de la grâce et de la foi ! dit ce dernier, suis-je ici parmi des chrétiens, parmi des défenseurs de la loi du Dieu vivant ?

— Oui ! oui ! s'écria-t-on de toutes parts.

— Alors, ajouta-t-il, gloire à Dieu qui a dissipé les ténèbres de l'esprit de ses serviteurs.

En disant ces mots, il découvrit le christ, le plaça devant lui et s'assit.

Comme lui, les autres juges s'assirent.

— Accusé, tu l'as vu, dit Dominique à Guiraud après un moment de silence, la foi est vive ici : rien ne saurait plus l'ébranler. L'esprit du Seigneur nous a éclairés tous ; puisse même un de ses rayons avoir rejailli sur toi ! Es-tu prêt à répondre?

— Interroge, dit Guiraud en pâlissant de colère, je répondrai.

Un éclair de joie brilla dans les yeux de Dominique.

— Quel motif, dit-il, t'a porté à rompre tes vœux ?

— Tu ne peux en être juge, dit Guiraud : comme homme, je suis prêt à te répondre ; comme moine de Cîteaux, je ne le veux ni ne le dois.

— Tu as eu des relations intimes avec la sorcière nommée Brunelle ; tu as agi de concert avec elle.

— C'est faux !

— Tu as ravi d'une manière infâme une femme mariée à son époux.

— C'est faux !

— Tu as forniqué avec une hérétique excommuniée.

— C'est faux !

— Le jurerais-tu ? dit Dominique en se levant et entrant dans l'enceinte.

— Je le jurerais par les martyrs de céans ! répondit Guiraud sans soupçonner la présence de Llinda.

— Eh bien ! jure-le sur celui-là ! dit Dominique en découvrant Llinda.

Guiraud ne sourcilla pas ; mais il détourna la vue, balbutiant quelques mots inintelligibles.

— Persistes-tu à nier ton crime ? reprit Dominique.

— Dois-je mentir pour te complaire ?

— C'est bien ! ainsi cette malheureuse gisant à tes pieds a menti. Poussée par le démon de l'envie, elle a déversé sur toi la calomnie et la haine ; son infamie retombera sur elle ; mais toi, innocent à tes yeux et à ceux de Dieu, tu dois le paraître aux nôtres. J'aime à croire que tu as dit vrai : approche.

Guiraud hésitait.

— Mets ta main dans la main de cette femme, continua Dominique en montrant Llinda, et jure sur ce christ que tu ne l'as jamais pressée avec amour.

A ces mots, Guiraud fronça les sourcils avec rage, et se mordit les lèvres jusqu'au sang ; mais trop fourbe pour se laisser pénétrer, il s'approcha de Llinda, froid, impassible en apparence. Décidé à soutenir l'épreuve jusqu'au bout, il mit une de ses mains dans la sienne, l'autre sur le christ, et d'une voix ferme il dit :

— Je le jure !

Dans ce moment, en voyant l'expression indéfinissable et la mobilité des yeux de Llinda, on aurait dit que lui tenant lieu de ses autres organes pendant ses attaques, elle entendait, elle s'impressionnait comme elle voyait par eux. Guiraud ayant détourné la tête en jurant, n'avait pas été frappé de cet effrayant phénomène. Mais lorsqu'après avoir laissé tomber la main de sa victime il jeta un regard sur elle, à la vue de ces yeux mobiles et animés, partie intégrante de ce corps immobile et inanimé, il pâlit, et une sueur froide parcourut ses membres. Peu après il crut à une illusion. Il fut plus calme.

La voix impassible de Dominique vint l'arracher à son apparente tranquillité.

— Repose ta tête, lui dit-il, sur ce cœur qui ne bat plus, et jure par ce christ que tu ne l'as jamais senti battre ou d'amour ou de haine.

— Je le jure ! dit Guiraud d'une voix étouffée et sans oser fixer Llinda.

— Baise ces lèvres froides et pâles, reprit Dominique , et jure par ce christ que tu ne les a jamais baisées.

La situation de Guiraud devenait de plus en plus critique. L'impitoyable voix de Dominique, toujours plus exigeante et plus ingénieuse à torturer, l'obsédait comme un horrible cauchemar, planant sur sa tête comme un ange de mort et l'écrasant de toute sa tant lugubre et tyrannique autorité.

Alors l'assemblée prit un caractère plus lugubre et plus imposant que jamais. Les juges silencieux et immobiles, suivirent tous les mouvemens de Guiraud. Llinda, toujours gisant à terre, exprima par ses yeux seuls toute l'agitation de son âme. Guiraud, les paupières abaissées et la rage dans le cœur, parut flotter entre le remords et le parjure. Dominique, la tête haute et lui tendant son christ, le regarda fixement, ressemblant plus à un bourreau qu'à un juge.

— Baise ces lèvres froides et pâles, répéta-t-il, et jure par ce christ que tu ne les a jamais baisées.

A la réitération de cet ordre, Guiraud, une de ses mains appuyée à terre, et l'autre sur le christ, approcha ses lèvres de celles de Llinda; mais au moment où, prêt à consommer son triple parjure, sa bouche s'ouvrait pour dire « Je le jure, » Llinda fit un mouvement, et un soupir étouffé s'échappa de sa poitrine.

Guiraud se rejeta en arrière glacé d'horreur et d'effroi.

Ses yeux hagards, immobiles, étaient fixés sur Llinda, qui, roulant les siens d'une manière effrayante semblait le fasciner par son regard accusateur : à ses oreilles tintait encore ce soupir étouffé, organe de mort qui paraissait avoir voulu lui donner un démenti :

son sang affluait brûlant à son cœur ; sur sa tête couverte d'une sueur froide, ses cheveux s'étaient hérissés, et tout son corps, convulsionné par la terreur, tremblait comme une aiguille aimantée.

— Tu n'oses jurer ? lui dit Dominique avec une joie féroce.

Guiraud terrifié ne parut pas l'avoir entendu.

Dans ce moment on remit à Dominique un message du légat Milon qui lui intimait l'ordre de suspendre toute action contre Guiraud.

XII.

LE MIRACLE.

> Tombe sur moi le ciel, pourvu
> que je me venge !
>
> RACINE.

Un des délices promis aux élus du paradis de Mahomet est de pouvoir rester ou marcher au soleil sans donner de l'ombre.

Cette idée n'est pas plus bizarre que celle qui passa par la tête de Guiraud après le message du légat de Milon.

Fier de se voir revendiquer par le légat, d'accusé il resolut de se porter immédiatement accusateur.

— Dominique, s'écria-t-il avec ce ton d'audace et d'assurance qui en impose toujours, je t'assigne devant Milon et le conseil du camp. Pour sauver ton fils tu as fait évader les prisonniers de la Bessède.

Un murmure général accueillit ces mots. Dominique sourit ; mais il fut aisé de voir qu'il n'était pas sans inquiétude sur les suites de cette accusation.

— J'en donnerai la preuve ! ajouta Guiraud, étonné lui-même de l'effet de ses paroles.

Le ton, le geste, tout en lui en imposa aux esprits, assez disposés du reste à accueillir

toute accusation contre Dominique. Les ma-
nières despotiques et hautaines de cet inquisiteur, la supériorité que lui avait donnée sur
ses collègues son audacieux et impitoyable rigorisme, froissaient leur amour-propre et of-
fusquaient leur orgueil. Chacun d'eux aurait
voulu voir crouler ce colosse qui avait su se
grandir à leurs dépens, et dont le rigide abso-
lutisme voyait en eux des instrumens et non
pas des égaux. Guiraud le savait : aussi jeta-t-
il en confiance dans cette enceinte ses paroles accusatrices.

Quant à Dominique, peu soucieux de la
haine qu'il inspirait, mais effrayé du parti que
ses ennemis pourraient tirer de cet incident
dans ce moment, où, pour ce motif même, la
sédition hurlait encore autour de la tente, il
crut devoir dédaigner de répondre, et passant devant Guiraud, il lui dit à voix basse :

— Malheureux ! en me calomniant tu perds
ton âme.

— Et toi ton pouvoir, répondit Guiraud en suivant des yeux Dominique qui, enfin, pliait devant lui.

Puis, profitant de la stupeur où son audacieuse attaque avait jeté l'assemblée, il se précipita hors de la tente, et s'adressant aux groupes qui n'étaient pas encore entièrement dissipés. :

« Camarades, leur dit-il, en remplacement
« des damnés de la Bessède qu'il a fait évader,
« Dominique vous avait promis de la fine chair
« d'hérétique : c'était la mienne. Et cepen-
« dant j'ai fait mes preuves. J'étais avec vous
« à Beziers, à Carcassonne ; et vous savez si
« mon bras a faibli devant homme, femme
« ou enfant. Quant à lui, pour arracher son
« fils au bûcher, il a sacrifié votre juste ven-
« geance. Du reste, en s'attaquant à moi, les
« chapelains s'attaquent à vous tous ; mon
« injure est la vôtre. Ils veulent humilier les

« soldats pour rester seuls maîtres et acca-

« parer tous les biens, payant ainsi d'ingra-

« titude le sang que nous avons versé. J'ai as-

« signé Dominique devant le légat Milon et

« le conseil du camp pour donner la preuve

« de mes assertions. Qu'il y vienne, il sera

« confondu. »

Ce discours prononcé avec une imperturbable assurance, produisit son effet. Toujours prêts à saisir un prétexte à la sédition ou à la révolte, les soldats, à peine calmés de leur irritation première, se montrèrent plus insolens et plus intraitables. Les Routiers surtout qui, après l'arrestation de Guiraud, s'étaient rendus là en foule, assaillirent la tente à coups de pierres, menaçant d'y mettre le feu si Dominique ne se disculpait de l'accusation portée contre lui.

Cette nouvelle se répandit bientôt dans le camp. Des flots de mécontens s'accumulèrent autour de la tente comme des mouches dans les greniers, lors des premiers froids d'hiver.

Guiraud était au milieu d'eux, les excitant de la voix et du geste, mais cependant assez embarrassé d'une accusation dont il ne savait trop comment fournir la preuve.

Pendant qu'au-dehors retentissaient des cris de révolte et de mort, au-dedans éclataient violentes cette jalousie et cette haine qu'avait assumées sur lui Dominique. Se sentant assez fort pour la braver et pour confondre Guiraud, méprisant les criailleries et les rancunes, il marchait à grands pas jetant en défi à ses collègues des récriminations et des sarcasmes, et les écrasant de toute son arrogante supériorité.

Dans ce moment les cris du dehors redoublèrent. La garde de la tente plia, et, sur le point d'être forcée, n'opposa plus qu'une faible résistance.

Dominique s'en aperçut et ne trembla pas.

Il confia sa prisonnière à la garde de ses plus fidèles familiers, et, se couvrant la tête d'un cilice, il prit d'une main un crucifix, de l'autre une relique, croisa ses bras sur sa poitrine et sortit la tête haute et fière, le regard arrogant.

A sa vue tout se tut.

— A genoux, impies! s'écria-t-il en s'adressant aux révoltés : à genoux devant ce Dieu qui vous regarde! à genoux devant cette sainte relique !

Pour bien concevoir l'influence de la voix de Dominique, il faut se pénétrer de la superstitieuse religiosité d'alors pour tout ce qui tenait au culte. C'était une sorte d'idolâtrie devant laquelle courbait la tête et pliaient les passions les plus farouches. Par une politique égoïste, mais habile, Rome enveloppait le siècle dans son réseau de fer, dont tous les fils venaient aboutir à ce point culminant de sa puissance. Un meurtrier trouvait facilement grâce devant elle; un profanateur de choses sacrées n'était jamais grâcié. Aussi l'apparition de cet homme couvert d'un long cilice et cuirassé de choses saintes, produisit sur ces forcenés l'effet de l'eau froide sur du lait en ébullition.

Leur frénétique rage se calma comme par enchantement.

Le plus profond silence régna parmi la foule.

Une seule voix l'interrompit.

Ce fut celle de Guiraud.

—Je t'ai assigné devant le légat Milon, traître! s'écria-t-il.

Aucune voix ne répondit à sa voix, tant avait été profonde l'impression produite par Dominique.

— J'y vais! infâme calomniateur, lui cria

ce dernier ; suis-moi, toi et tes sicaires, et, en attendant, courbe la tête comme eux.

Et se frayant un passage à travers la foule agenouillée, il se dirigea vers la tente ou siégeait le conseil du camp.

Les séditieux le suivirent, paraissant plutôt marcher à sa suite qu'ameutés contre lui.

Parmi les croisés, Dominique avait des séides autant que d'ennemis peut-être. Son mysticisme feint ou réel, son rigorisme farouche, son allure d'énergumène lui avaient valu les uns et les autres. Pendant son trajet d'une tente à l'autre, un de ses partisans, ce même arbalétrier qui avait gagné à Guiraud sa part du paradis, s'approcha et lui en remit, sans mot dire, le titre. Dominique y jeta les yeux, et une indéfinissable expression de joie concentrée anima sa physionomie.

Roulant avec soin cet écrit, il continue sa marche. Il parut triomphant.

Il n'en était pas de même de Guiraud.

Ayant trop présumé de ses forces en entamant une lutte si inégale; n'ayant, pour soutenir son accusation que des inductions vagues, démenties par toute la vie de Dominique, il sentait alors qu'il avait cédé à une de ces aberrations de colère, pendant lesquelles tout homme irréfléchi jette au hasard des injures et des mots sans en calculer la portée. Cependant, inquiet d'abord du résultat, il s'était ensuite rassuré, comptant sur son arrogance et ses mensonges pour en imposer au conseil du camp.

Et elle semblait une justice divine, la lutte acharnée de ces deux hommes, au moment même ou Llinda, déjà victime du lâche attentat de l'un, était près de périr peut-être sous les coups de l'atroce persécution de l'autre!

Dans une immense tente, située au centre du camp, le conseil s'était assemblé pour aviser aux moyens de réprimer la sédition et juger le grave incident qui s'y rattachait. Là, siégeaient à côté d'Amalric de Montfort, le légat Milon; Renaud de Bac, évêque de Chartres; Philippe de Dreux, évêque de Beauvais; Eudes, duc de Bourgogne; Hervé, comte de Nevers; le comte de Saint-Paul et d'autres évêques, d'autres seigneurs normands, qui, disposés à renouveler chaque siècle l'aventureuse entreprise de leurs pères, n'avaient pas hésité à se croiser, fuyant leur ciel brumeux, leur boisson d'orge fermenté.

Dominique entra.

Sa vue produisit sur l'assemblée la même impression que sur les séditieux. Tous ces seigneurs, tous ces barons si hautains deavnt la loi, si humbles devant la religion se levèrent debout et se découvrirent.

Guiraud parut après lui.

Il passait devant Dominique pour se rendre à la place qu'on lui avait désignée lorsque celui-ci étendant ses bras comme pour le maudire, s'écria d'une voix d'énergumène :

— Anathème sur l'homme qui a osé mentir devant ce christ ! Anathème ! anathème sur lui !

Dominique prononça ces mots d'une voix si sombre, si sépulcrale ; sa pose, son regard, ce cilice qui le couvrait en entier, ses bras étendus horizontalement sur la tête de Guiraud, ce crucifix et cette relique qu'il tenait aux mains, tout en lui avait quelque chose de si surnaturel, que les assistans crurent voir et entendre l'ange du jugement dernier.

Ils baissèrent les yeux.

Guiraud seul resta impassible ; mais, après un moment de réflexion, prenant Dominique par le bras et le traînant violemment au milieu de l'enceinte, il lui cracha au visage, en disant :

— Opprobre sur le traître qui favorise les hérétiques !

Ce trait inoui d'arrogance et d'audace jeta un peu de confusion dans l'assemblée. Les prélats outrés contre Dominique qui, en tous temps, censurait amèrement leur conduite, se réjouissaient au fond du cœur de son humiliation. Quant aux seigneurs présens, l'acte de bravache de Guiraud était trop de leur goût pour ne pas leur plaire.

Guiraud s'en aperçut, et laissant Dominique confus au milieu de l'enceinte, il regagna fièrement sa place.

Son triomphe fut de courte durée. En flattant, par son insolente apostrophe, la rancune des prélats et la passion favorite des hommes de guerre, il avait fait preuve de tact; en exploitant la superstitieuse crédulité des uns et des autres, Dominique se montra son maître.

Immobile et les yeux baissés, il parut d'abord insensible au cruel affront qu'il venait de recevoir. Tout à coup, prenant son crucifix à deux mains et le pressant convulsivement sur sa poitrine, il s'écria d'une voix déchirante :

— O mon Dieu ! tu as vu cet impie qui n'a respecté en moi ni l'homme, ni le prêtre ! Comme homme je lui pardonne, comme prêtre je l'absous et je reçois, en toute humilité, l'affront dont il a voulu me flétrir comme une expiation de mes iniquités. Serait-il donc arrivé ce temps de désolation prédit par le prophète, qui s'écrie dans toute la douleur de son âme : « Un temps viendra où

« les serviteurs de Dieu seront insultés sans
« que personne prenne leur défense, et alors
« l'iniquité régnera par toute la terre. » O
mon Dieu ! là où les hommes faiblissent tu ne
faibliras pas ! Sois juge entre cet homme qui
m'accuse et moi : prononce ! Dans ce temps
de foi peu vive, il faut des miracles à ces
âmes tièdes ou aveuglées ; eh bien ! fais un
miracle en faveur de celui de nous deux qui
est innocent, et donne-lui publiquement la
part de paradis de l'autre.

A ces mots, immobile et les regards fixés
sur le crucifix, il parut plongé en extase. Dans
ses yeux roulèrent de grosses larmes et sa
bouche sourit. Sur ses traits d'une effrayante
immobilité, se joignirent à la fois de la douleur
et de la joie. D'autres contrastes bien tranchés
donnèrent à sa contemplative pose une allure
surnaturelle.

Il semblait ne plus appartenir à la nature
humaine.

Les assistans, les yeux fixés sur lui, attendaient, avec une anxiété mêlée de terreur,
le terme de cette extatique contemplation.

Tout à coup, Dominique laissant adroite-
ment tomber à ses pieds le parchemin que lui
avait remis l'arbalétrier, s'écria d'un ton de
joie frénétique :

— Merci, ange ; je t'ai vu, merci !

Au milieu de la stupéfaction générale, il
ramassa le parchemin, le déroula, le lut, et le
présentant à Guiraud :

— Reconnais-tu cet écrit ? lui dit-il.

Guiraud resta pétrifié.

Cet écrit était son aliénation de sa part du
paradis.

Comme on l'a vu, l'arbalétrier, qui en était
possesseur, l'avait remis à Dominique. Celui-
ci en avait habilement tiré parti. Il se l'était
donné de la part du Ciel.

L'effet de cette supercherie fut foudroyant
our Guiraud.

A la vue de cet écrit, nul des membres du conseil ne soupçonna la vérité. Tous, d'après ce qui s'était passé, le crurent apporté du ciel par une ange, et dès lors plus de doute à leurs yeux : Dominique était innocent et Guiraud coupable.

Par une coïncidence remarquable, un coureur, arrivé à l'instant, confirma cette opinion en démentant la nouvelle de l'évasion des prisonniers de la Bessède.

Alors trop évident pour ne pas frapper les esprits et dessiller les yeux, ce miracle ne trouva ni sceptiques, ni incrédules; et sur le lieu même, le légat Milon fulmina un rescrit contre Guiraud admis à se justifier devant le tribunal de Dominique.

Avec les fermens de rivalité et de haine existans entre ces deux hommes, en mettre un des deux entre les mains de l'autre c'était le livrer pieds et poings liés au bourreau.

Dominique ne s'y méprit pas : Guiraud encore moins que lui.

A la merci de son plus cruel ennemi, il allait expier enfin son effronterie et sa scélératesse. D'un coup-d'œil il avait embrassé tout le danger de sa position sans en être ému. Mais lorsque Dominique lui ordonna de marcher devant lui au milieu d'hommes d'armes commis à sa garde, toute son âme se révolta. Il porta la main à sa dague.

Sur un signe de Dominique il fut désarmé.

Et une heure après, enfermé dans un cachot obscur, il maudissait le ciel et l'enfer. Ayant perdu le souvenir des particularités de l'orgie pendant laquelle il avait aliéné sa part du paradis, il ne concevait rien à ce malencontreux écrit qui avait assuré le triomphe de son rival. Comme les autres, il croyait au miracle.

Quant à Dominique, heureux d'avoir pu

faire crouler d'un coup les prétentions de son compétiteur au fief de la Bessède et l'accusation lancée contre lui, la joie le débordait. Cependant, n'ignorant pas qu'une calomnie trouve toujours des gens disposés à y croire, il voulut sortir pur de cette épreuve, et détruire jusqu'à l'ombre du soupçon. Il rumina mille moyens et les rejeta tous comme insuffisans ou impraticables.

Un seul lui parut efficace : il s'y arrêta.

XIII.

L'ENTREVUE.

> *Chi sei? — Bruto? — Cosa*
> *demanda? — La morte! —*
> *L'avrai!*
> Qui es-tu? — Brutus! — Que
> demandes-tu? — La mort? — Tu
> l'auras!
>
> ALFIERI.

Trois jours s'étaient écoulés, et gémissante
sous les verroux, Llinda n'avait vu que les
murs nus de sa prison et une espèce de

gardien qui lui avait assez régulièrement apporté sa nourriture.

Le quatrième jour il en fut autrement.

Encore couchée sur les bottes de paille qui lui servaient de lit, elle vit entrer Dominique.

Elle aurait préféré tout autre.

— Depuis trois jours, lui dit Dominique, il s'est passé de grandes choses, j'ai été lâchement accusé d'avoir trahi la cause de Dieu ; mais le ciel, dans sa miséricorde, n'a pas abandonné le plus dévoué de ses serviteurs. Par un miracle, il a hautement proclamé mon innocence, et pour la rendre plus éclatante, il vous a choisie, vous, ma fille…

—Moi ! dit en l'interrompant Llinda; et que puis-je dire en votre faveur? Je ne vous connais que par votre acharnement à me persécuter.

— Les voies de la Providence sont souvent détournées et obscures. Dieu châtie de préférence les enfans qu'il aime, et au lieu de maudire l'instrument dont il daigne se servir, tout chrétien doit le bénir et l'adorer.

— Je ne m'en sens ni la résignation ni le courage. Et à quel indice reconnaîtra-t-on la main de l'enfer si celle de Dieu ne se révèle que par des afflictions et des tortures?

— Votre langage, ma fille, se ressent de votre origine et de votre séjour parmi les hérétiques; mais Dieu est grand, et aujourd'hui même, il veut vous offrir par ma voix le moyen de rentrer en grâce auprès de lui.

— Et que faut-il faire? dit Llinda d'un air incrédule.

— Me révéler le lieu où je pourrai trouver Saphor.

— J'aurais dû m'en douter à cet air patelin et mielleux, reprit en se levant Llinda. Ah! c'est bien là le tigre qui caresse, léchant la main jusqu'au sang pour la dévorer ensuite... Ce n'était pas assez pour la plus grande gloire du Dieu que vous servez, de m'avoir ravi, moi, malheureuse, à un époux que j'adorais, de m'avoir impitoyablement arrachée deux fois de ses bras, de vous acharner encore après moi lorsqu'un monstre m'a flétrie, m'a jeté vivante parmi les morts ! Tout cela n'était pas assez : il faut vous révéler où est Saphor pour que, de ses lambeaux, vous puissiez assouvir la férocité de vos sicaires ! Non, non..... cela ne sera pas..... Je suis en votre pouvoir.. faites de moi ce que vous voudrez... je vous abandonne ce que j'ai de périssable sur la terre ; mais mon Saphor !.... Ah ! vous avez pu croire que je vous le livrerais, à vous, père sans entrailles !... Jamais ! jamais !... vous me le brûleriez !.... Ah !.... Et dire que cet homme a pu croire que je le lui livrerais !... O mon Dieu ! en quoi ai-je mérité cette humiliation... !

Llinda avait parlé avec tant de volubilité,

que Dominique avait vainement tenté de l'interrompre.

— Vous auriez tout aussi bien fait de m'écouter que de parler, lui dit-il enfin ; vous vous seriez épargné un moment de colère et à moi d'ennui.

Dominique prononça ces mots d'un ton si froid, si impassible que Llinda rougit presque d'avoir pu exprimer un sentiment humain devant ce marbre. Elle s'assit et lui dit d'un air résolu :

— Que me voulez-vous? Je vous écoute.

— C'est fort heureux ! reprit Dominique. Je vous disais donc que Dieu vous offrait le moyen de rentrer en grâce auprès de lui. Voici comment : J'ai été accusé d'avoir fait évader Saphor et les Bons-Hommes pris avec lui. Avant qu'on apprît la fausseté de cette accusation, le Ciel, par un miracle, avait prouvé mon innocence. Mais comme mon fils a seul rompu ses chaînes, quelques esprits incrédules conservent encore des doutes, son témoignage les lèverait sans peine. Où est Saphor?

— Je l'ignore.

— Où puis-je le trouver?

— Vous ne le saurez pas.

— Mais, malheureuse! savez-vous que vous prononcez votre arrêt de mort?

— Que m'importe.

— Savez-vous qu'il ne me reste qu'un moyen de prouver ma non complicité avec Saphor? c'est de le frapper dans ce qu'il a de plus cher au monde, de vous tuer, vous!

— Ah! les voilà bien tous les deux, Guiraud et lui, infâmes l'un et l'autre. L'un dans le phare du Maure pour assouvir son amour, menace d'attenter à la vie de mon fils: l'autre ici veut me tuer pour satisfaire son ambition! Vous êtes un misérable: je vous méprise. Tuez-moi; en mourant je vous bénirai peut-être.

— Mais la mort qui vous attend, si vous persistez, est une mort infamante et publique.

— J'aurai le courage de l'affronter.

— Aurez-vous celui de voir déchirer vos membres par les tortures ?

— Je l'aurai.

— Voyez les questionnaires acharnés sur vous comme des bêtes féroces, vous tuant en détail pour vous arracher des aveux ! Voyez une populace avide assistant à votre supplice comme à une fête, dévorant les instans qui vous resteront à vivre pour voir s'exhaler votre dernier soupir et recueillir votre dernier râle ! Voyez...

— Ah ! vous ne m'intimiderez pas, dit Llinda d'une voix tremblante, l'aspect de la mort ne m'effraie pas plus que la mort même.

Dominique continua impassible :

— Voyez Saphor que votre obstination jette dans le même bûcher que vous.

A ce nom Llinda se leva en sursaut.

— Au nom de Dieu, dit-elle, faites-moi mourir puisque vous le voulez, mais ne doublez pas mes tourmens : laissez-moi !

— Pour la dernière fois, lui dit Dominique en la prenant par le bras, refusez-vous de me dire où est mon fils ?

— Oui.

— Alors, préparez-vous à la mort ?

— Je l'attends comme un bienfait, et la demande comme une grâce.

— Bientôt vous n'aurez plus rien à désirer.

Et de la main repoussant brutalement Llinda qui, d'abord chancelante, retomba rudement ensuite sur son lit de paille, il sortit.

Dans cette entrevue, la raideur de Llinda fut intempestive. L'exaspération de son âme la motivait sans doute ; mais elle aurait dû ne pas repousser les offres de Dominique, qui, faites de bonne foi et sans arrière-pensée devaient amener le moyen de dissiper jusqu'à l'ombre de la calomnie de Guiraud.

En effet, à la suite de son impudent miracle, Dominique avait obtenu tout pouvoir sur Guiraud. Content pour le moment, de cette proie, mais voulant effacer jusqu'aux dernières traces de l'impression produite par les paroles de son accusateur, auxquelles donnait alors quelque poids l'évasion de son fils, il s'était adressé à Llinda pour corroborer sa justification de la parole et du serment de Saphor. A ce prix, il aurait rendu l'une à la liberté, et fait cesser les poursuites dirigées contre l'autre.

Peu rassurée sur ses intentions, Llinda avait refusé ses offres.

Dominique revint à la charge.

— Avez-vous bien calculé, lui dit-il en rentrant, les suites de votre refus ?

— Avez-vous bien réfléchi au peu de confiance que je puis avoir en vos paroles, répondit Llinda ?

— Et que craignez-vous de moi?

— Tout.

— Voilà au moins de la franchise.

— Au point où j'en suis, à quoi me servirait la dissimulation ?

— A vous sauver la vie.

— Vous me l'avez rendue si amère, qu'elle m'est à charge.

— Laissez le passé : pensez au présent.

— Mais ce passé est toute mon existence ; grâce à vous, mon présent et mon avenir ne sont qu'un gouffre où je n'ose jeter les yeux.

— Qui l'a creusé, ce gouffre?

— Vous !

— Moi ?

— Et qui donc? Si votre lâche haine ne m'eût enfermée dans le monastère de Sainte-Marie-de-Prouille, aurais-je connu cet infâme

Guiraud ? Saphor aurait-il été victime de ses machinations, moi de sa scélératesse, mon fils... Ah ! mon fils, il est le plus heureux des trois, lui !... Il est mort... Il n'est pas errant et fugitif comme son père, pollué comme sa mère, malheureux comme tous les deux !...

Llinda prononça ces derniers mots d'un ton mêlé de larmes. Après un moment de silence elle se leva, et regardant fixement Dominique :

— D'où vient donc, ajouta-t-elle, que la vue de l'auteur de toutes mes infortunes me cause plus d'émotion que de colère ?.... Ah ! je le sens... le crime d'un autre m'a avilie peut-être !... j'ai perdu le droit de démasquer un monstre : mais, non, je ne puis être déchue à ce point.... je peux tout.... mépriser mon persécuteur, le braver même, le défier d'ajouter un malheur à mes malheurs, et offrir une prime à la haine et à la scélératesse qui y parviendraient.

Ces mots de menace, jetés à la tête de Dominique, ne lui arrachèrent qu'un ironique sourire.

— Oui, répéta Llinda, je puis offrir une prime à la haine et à la scélératesse qui aggraveraient mes malheurs.

— Vous auriez tort, dit Dominique, en appuyant fortement sur ces mots, cela n'est pas difficile.

—- Et que pouvez-vous faire ? Vous acharner après ce restant de vie que je vous abandonne, et dont la mort même n'a pas voulu ?

— Non !

—Inventer pour moi de nouvelles tortures!

— Non !

— Me faire souffrir mille morts ?

— Non, non !

— M'attacher vivante au bûcher !

— Oui, et avec Saphor.

Dominique prononça ces derniers mots

d'un ton si sombre que Llinda frémit dans tous ses membres. A son exaspération succéda de l'abattement; à ses bravades, des supplications.

— Et cependant Saphor est votre fils ! dit-elle d'un ton à lui demander grâce.

— N'est-il pas votre mari ? Et pourquoi me montrerais-je moins impitoyable que vous ? Vous voulez sa mort...

— Moi ! dit en l'interrompant Llinda.

— Eh bien ! qu'il meure ! continua Dominique feignant de ne pas l'avoir entendue; et que son sang retombe sur vous.

— Oh ! vous voulez m'effrayer? dit en lui prenant les mains Llinda : vous ne pensez pas ce que vous dites !... Qui ?... moi, je voudrais la mort de mon Saphor !... moi qui donnerais vingt existences pour sauver la sienne !... Oh! non, vous savez bien le contraire... Et puis, vous êtes son père... vous ne voudriez pas le tuer… ce serait barbare… Me tuer, moi, c'est différent… je ne suis rien pour vous… comme le sien, mon sang n'est pas le vôtre !… Mais lui… c'est votre fils !… vous ne le tuerez pas, n'est-ce pas ?… Oh ! dites-moi que vous ne le tuerez pas ?…

— Et quoi qu'il arrive n'accusez que vous , dit Dominique, en repoussant Llinda qui s'était cramponnée à lui….. Dois-je , pour une obstination de femme , renoncer à toute considération , à tout respect ; perdre ma haute position, à peine assurée par toute une vie de travail et de veilles? Oh ! non, n'y comptez pas ! Vous sacrifiez le père, je sacrifierai le fils. Cela vous convient-il ?

Llinda ne répondait pas , mais elle flottait indécise et tremblante.

Dominique continuait :

— Alors qu'il se tienne sur ses gardes et vous aussi ! je n'ai qu'un moyen de relever ma réputation : à moi, ce moyen ! ne pouvant confondre la calomnie et la haine avec le témoignage de mon fils, je leur jetterai sa tête et la vôtre ; cette preuve de mon innocence vaudra bien l'autre. Vous l'avez voulu, que votre sort s'accomplisse ! Que vous demandais-je, après tout ? de me révéler la retraite de Saphor pour corroborer de sa déclaration la justification de son père ! Cette révélation vous eût sauvé la vie à vous, à lui peut-être : vous vous obstinez à vous taire, tant pis ; votre mort et la sienne amèneront le même résultat. Nul n'osera m'accuser d'avoir favorisé son évasion lorsque ma voix aura donné l'ordre au bourreau de faire couler votre sang et le sien. Vous le voyez, votre silence ou vos paroles m'importent peu. Dans les deux cas, je puis sortir pur de cette épreuve. Je le veux, je le dois, cela sera. C'est à vous maintenant à me faire agir en père ou en homme.

Vous allez me dicter mon devoir. Quoi qu'il en soit je n'y faillirai pas.

— Et si, quand vous saurez la retraite de Saphor, vous le trahissiez ! dit Llinda ébranlée.

— A quoi bon la barbarie sans motif ?

— Vos soldats demandent des têtes.

— N'ai-je pas celle de Guiraud, ce moine défroqué ? Je ne sais trop comment est née la haine que j'éprouve pour lui ! Un jour, je crois, dans la tour de Gavarnie, j'allais vous réclamer ; il était avec une infâme sorcière, brûlée depuis : il me reçut avec des sarcasmes et des injures ! l'insolent ! les uns et les autres sont encore là dans ce cœur qui ne sait point pardonner. Dès ce moment j'ai haï cet homme, peut-être à tort, mais je l'ai haï. Quand à Montpellier, il a voulu me braver en dénonçant mon fils ; quand ici il a cherché à me perdre, oh ! alors il ne m'a plus inspiré de la haine, mais un sentiment sans nom qui, à la vue des tortures que me force d'ordonner parfois ma sainte mission, me fait toujours désirer de le voir, lui et non pas d'autres, entre les mains des bourreaux. Et croyez-vous que l'on puisse transiger avec un sentiment de cette espèce? croyez-vous que je doive laisser échapper de mes mains cet homme qui a osé me disputer un fief et dont la voix injurieuse et calomniatrice m'a poursuivi pendant mon sommeil et mes veilles? Ah! il m'a fait trembler, l'infâme! Il paiera cher ce triomphe! Mais il me faut dissiper jusqu'à la dernière trace de sa calomnie, sans cela, mes collègues n'ont pas la même raison que moi de le haïr, ils l'absoudraient; et, j'en atteste le ciel, il ne sera pas absous! Périsse plutôt toute ma famille!

Il y avait de la rage dans l'accent, le regard et le geste de Dominique. Llinda en fut effrayée.

— Mais, lui dit-elle, savez-vous que pour mille morts je ne vous dirais pas maintenant où est Saphor? Votre langage a fixé mon indécision. Il vous faut la mort de Guiraud à tout prix; vous ne pouvez rien sans vos collègues, vous l'avez dit vous-même. Eh bien! si, en échange de leur adhésion, ils vous demandaient, non pas le témoignage de Saphor, mais sa tête, vous la donneriez, j'en suis certaine; votre haine et votre ambition vous le recommandent, la tiédeur de votre commisération paternelle céderait à leurs exigences. Et ce serait moi, moi seule!.... Ne l'espérez pas! Vous haïssez : j'aime; agissez au gré de votre haine, j'agirai au gré de mon amour; je me tairai.

—La défiance est souvent un mauvais conseiller.

— La confiance l'est plus souvent encore.

— Mais, malheureuse, la mort est là?

— Je l'ai vue d'assez près pour ne pas la craindre.

— Mais Saphor ?

— Eh ! qu'il meure, s'il le faut, mais que je n'aie pas à me reprocher sa mort ; elle serait trop affreuse pour lui. De la main de son père, il la recevra sans doute avec reconnaissance, comme le complément des bienfaits dont il l'a comblé.

— L'ironie n'est pas de saison, femme, dit Dominique furieux ; elle ne s'attaque jamais impunément à moi.

— Et que pouvez-vous me faire ? dit Llinda d'un ton si tranquille, si résigné, que Dominique la regarda stupéfait.

— Elle me demande ce que je puis lui faire ! dit-il après un moment de silence et avec un effrayant sourire, lorsqu'il n'y a pas une de ses fibres que je ne puisse détendre ou briser à volonté, une goutte de son sang qui, sur un mot de moi, ne soit prête à couler, un lambeau de ses chairs que les tenailles de mes bourreaux ne déchirent à mon gré; quand toutes les tortures, toutes les souffrances sont à ma disposition, dans ce monde et dans l'autre ! Et elle me demande ce que je puis lui faire?...

— Tout cela, je le savais; vous me l'aviez déjà dit avec bien d'autres choses ; ainsi épargnez-vous les redites; tout votre attirail de tortures ne m'effraie pas, mon cœur est pur, ma conscience sans reproche. Je me présenterai devant Dieu en toute confiance! En sera-t-il de même de vous? J'en doute.

— Aspireriez-vous par hasard au martyre? dit Dominique avec dérision.

— S'il m'était réservé, répondit humblement Llinda, je le souffrirais comme une expiation de mes fautes et non comme une grâce.

— Quelle humilité avec tant d'obstination ! mais brisons là ; plus de verbiage. Vous savez à quel prix vous pouvez choisir de ma haine ou de ma protection : choisissez.

— Votre protection, je la refuse.

— Et ma haine ?

— Je la brave !

— Vous ne la braverez pas en vain !

— Peut-être !

— Et qui vous y soustraira ?

— La mort !

— Vous l'aurez !

Et jetant sur Llinda un regard foudroyant, Dominique sortit.

— Saphor, je te reverrai au ciel ! s'écria Llinda quand elle fut seule. Cet homme t'aurait tué, comme il me tuera ; il t'aurait sacrifié à son ambition, le monstre !

Et sa tête penchée, brûlante sur sa poitrine, elle pleura.

XIV.

LA QUESTION DE L'EAU.

> *Conosci il misèro et ti fa pieta?*
> Tu connais le misérable et il te fait
> pitié ?
>
> Silvio Pellico.
>
> *Qui li spietati sanguinaci sgherri,*
> *col trace sguardo e colla faccia ar-*
> *cigna steserlo a terra.*
>
> Là des bourreaux sanguinaires au re-
> gard féroce, à la face cruelle le jetèrent
> à terre.
>
> Casti.

Le lendemain, à la nuit ils étaient deux patiens dans la tente ou siégeait le Saint-Tribu-
nal, Guiraud et Llinda. Guiraud, la tête haute

mais le regard sombre, farouche et abattu par la torture ; Llinda, humble et résignée à la mort.

Dépouillés de leurs vêtemens, l'un et l'autre étaient revêtus d'une longue camisole fixée au-dessus des épaules et retombant jusque sur leurs pieds. Une grosse corde ceignant leurs corps par le milieu , les tenait attachés à un poteau planté en terre. Çà et là étaient épars dans un ordre effrayant des seaux pleins d'eau; des cordes, des poulies et des brasiers ardens dans lesquels chauffaient à rouge des tenailles en fer. Des questionnaires debout, près des poteaux, roulaient leurs regards fauves et tâchaient d'adoucir leur mine féroce. Des juges assis à l'extrémité de la tente causaient ou riaient en attendant la reprise des débats. Une lampe en fer à une seule et grosse mèche était suspendue au milieu. Laissant dans l'ombre la partie occupée par les juges , elle jetait des flots d'une lumière vacillante et vive sur les patiens , les questionnaires et tout l'attirail de la torture et des supplices.

Ce mode d'éclairage, si bizarrement réparti, avait quelque chose d'effrayant et de lugubre. D'une part , et comme un défi jeté à la commisération et à l'humanité, les indices d'une barbarie raffinée étaient étalés au grand jour; de l'autre, comme pour concentrer en eux seuls leur joie féroce, pour n'en laisser échapper aucune parcelle, des juges se repaissaient dans l'ombre des angoisses et des ébats douloureux de leurs victimes. Cette vue chassait toute idée de pitié et d'espérance. C'était le crime dans toute son hypocrite allure, la férocité légale dans tout son impitoyable cérémonial. Il ne restait plus aux patiens qu'à se résigner, souffrir et mourir.

Depuis assez long-temps déjà , régnait dans l'assemblée un bourdonnement sourd comme en provoque tout incident imprévu dans les débats judiciaires.

Dominique agita sa tarterelle, et à ce bourdonnement succéda un profond silence.

— Guiraud, dit-il, tu n'as pu préciser à quelle époque ni à quelle occasion tu avais aliéné ta part du paradis. Un seul fait ressort évident de ton incertitude. Cette aliénation a été le prix d'un pacte avec l'enfer; ce crime est commun, il importe d'en prévenir le retour; nous serons sans pitié si tu n'en fais l'aveu. Parle.

— Je ne puis avouer ce qui n'est pas , dit Guiraud.

— As-tu joué ta part du paradis aux dés ou aux *pingres* (1), comme le faisaient naguère les coureurs de tripot ?

(1) C'est le jeu des osselets, fort en vogue dans le midi de la France, sous le nom de *lous rabigots,* et sous l'ancienne Rome sous celui de *tales.* L'empereur Auguste, dans une seule soirée, y gagna 5o,ooo écus.

— Non.

— L'as-tu échangée contre une femme ou contre du vin, comme le font encore les débauchés et les ribauds.

— Non.

— Alors tu l'as donnée à l'enfer !

— Et si je l'ai donnée au diable, pourquoi un ange te l'a-t-il remise ?

Voulant faire allusion au miracle de Dominique, Guiraud prononça ces mots d'un ton farouche, mais où perçait tout le dépit de son âme hautaine réduite à se justifier. Sa position était critique. Son aliénation de sa part du paradis était pour lui un fait réel dont ses souvenirs ne lui rappelaient ni l'époque ni la circonstance. Le sommeil et les fumées du vin et de l'orgie en avaient emporté les traces. Il n'en restait que ce fatal écrit remis par l'arbalétrier à Dominique. Dans cette absence de toute donnée, Guiraud se creusait vainement la tête pour débrouiller le fil de cette énigme.

Il croyait presque à un sortilège.

Dominique profitait liabilement de son embarras.

— Accusé, persistes-tu à nier? dit-il d'une voix impassible.

— Je persiste à soutenir que si quelqu'un de nous a fait un pacte avec l'enfer, c'est toi ! sans cela ton fils serait attaché à ce poteau à ma place.

— Et qui t'a dit qu'il n'y sera pas?

— Il devrait y être.

— L'homme propose, Dieu seul dispose, répondit Dominique en faisant le signe de la croix. Mais, continua-t-il, en traînant devant ce tribunal l'épouse de Saphor, j'ai donné d'assez forts gages de mon impartialité; et en écoutant les perfides insinuations, j'en ai donné de trop forts de ma bonté. Délégué par Dieu, même pour juger des crimes qui échappent à la justice ordinaire, ce serait se rendre ton complice que de transiger plus long-temps avec le devoir impérieux de ma position. Ta culpabilité est évidente, un aveu sincère peut t'épargner les tortures. Parle.

Guiraud garda le silence.

—Qu'on lui fasse subir la question de l'eau, ajouta Dominique. On l'interpellera ensuite de dire la vérité. Peut-être avouera-t-il alors !

Un frisson glacial parcourut le corps de Guiraud; ses doigts se recourbèrent convulsifs, et ses yeux se vitrèrent comme à l'approche de la mort.

Des questionnaires étaient prêts à le saisir.

— Attendez, leur dit-il.

Et s'adressant aux juges :

— Ce que je vais dire, ajouta-t-il, ne s'adresse pas à Dominique, l'homme de la passion et de la haine : je le méprise. Je veux parler à des juges, non pas à un bourreau. Je suis accusé d'avoir pactisé avec l'enfer. J'ignore comment une telle accusation a pu planer sur moi. Rien dans mes souvenirs, rien dans ma conscience ne me met sur la trace d'aucun fait qui s'y rattache : j'en jure devant Dieu. Si j'ai commis des crimes, ils sont d'une autre nature. Si dans mon existence il s'est mêlé un démon , ce démon le voilà !

Guiraud montra Llinda.

Tous les regards se portèrent sur elle.

Impassible et les yeux fixés vers la terre, Llinda parut étrangère à ce qui se passait.

— Oui , reprit Guiraud, cette femme m'a conduit où je suis... Epris d'abord pour elle d'un amour que j'ai vainement combattu, j'ai voulu le satisfaire à tout prix, j'y suis parvenu en lésant peut-être la justice des hommes, mais non pas celle de Dieu. Hypocrisie, méfaits, parjure, j'ai appelé tout à mon aide, j'ai usé de tout ; mais rien de tout cela n'est justiciable de vous. Toutes les passions se sont donné la main pour me rendre scélérat si vous le voulez; mais la foi en Jésus-Christ et en notre sainte Eglise romaine ne m'a jamais abandonné. Si elle n'a pu me préserver de la tentation ni de la chute, c'est que la magique influence de cette femme a prévalu contre elle. Vous ne jugez pas les crimes des passions, mais seulement ceux d'hérésie : ces derniers me sont étrangers. Il vous faut des coupables dont l'enfer soit le complice, mon seul complice à moi est cette femme attaché e à ce poteau : vous ne pouvez me juger.

Guiraud se tut. Il y eut un moment de silence.

— Lâche infâme ! balbutia Dominique.

Llinda ne jeta sur Guiraud qu'un regard, mais effrayant. Ses narines tremblèrent : elle souffla avec force pour étouffer son émotion. Tout à coup d'une voix d'abord sourde et puis éclatante elle s'écria :

— Moi, complice de Guiraud ! O Dieu du ciel ! si c'est là ta volonté, laisse croire à mes juges que jai pour complices Satan, Belzébuth, l'enfer, que sais-je ! mais lui, mon bourreau, ce monstre qui m'a tout ravi, dont les brutales passions ont englouti dans un gouffre ma fortune, ma santé, mon bonheur, mon innocence, mon fils. Moi, complice de cet homme ! Ah! vous ne le croyez pas, vous, mes juges..?Vous voulez me tuer, m'arracher par les tortures des aveux...? Eh bien ! faut-il vous avouer que je suis possédée du démon ? que j'ai fait un pacte avec l'enfer ! je vous avouerai tout, tout ce qu'il y a de plus infamant, mais jamais que je suis complice de cet homme; car cet homme, voyez-vous, c'est plus que l'enfer...!

— Femme, lui dit Dominique en l'interrompant, il y a du délire dans vos paroles. Vous avez mal interprété celles de Guiraud et calomnié les intentions du tribunal, qui cherche plutôt des innocens que des coupables. Vous parlerez quand on vous interrogera : taisez-vous.

— Pourquoi l'empêcher de parler? dit Guiraud : si vous voulez connaître la vérité, vous l'apprendrez par sa bouche : ce qu'elle a dit est vrai : je suis un scélérat, mais non pas un hérétique; et les scélérats, vous le savez, ne sont pas jugés par vous, sans cela Dominique ne vous présiderait pas.

— Le moment d'invectives est mal choisi, dit Dominique en souriant avec ironie. Quand on sait si bien ce que sont les autres, on devrait savoir au moins ce que l'on est soi-même, et cependant, selon toi, tu l'ignores. Tu veux laisser à cette femme le soin de le faire con-

4.

naître : elle nous dévoilera la perversité et la scélératesse de ton cœur, nous la connaissions sans elle; mais la noirceur de ton âme, il a fallu un miracle pour la rendre évidente : Dieu l'a fait. Cet écrit miraculeusement tombé entre mes mains et dont tu ne veux pas préciser la cause est ta condamnation. Avoue ton crime, sinon punissable, comme lui, ton silence sera expié.

— Précise un fait et j'y répondrai.

— Le fait, le voilà , dit Dominique en montrant le parchemin que lui avait remis l'arbalétrier, tu as vu avec tout le conseil comment il est tombé entre mes mains, dis-nous à quel prix il est sorti des tiennes.

— Je ne sais ! dit avec rage Guiraud.

— La sorcière Brunelle, ce suppôt de l'enfer, était ta confidente et ta complice : ne l'a-t-elle pas exigé pour prix de son assistance ?

— Non.

— Les Esprits infernaux qu'elle avait sous ses ordres l'ont obtenu de toi, peut-être ?

— Non.

— Alors, dit Dominique triomphant , cet écrit vient du ciel même qui a voulu, par tes tortures en ce monde , te rendre digne de la vie éternelle dans l'autre.

Il fit un signe aux questionnaires , qui s'approchèrent de Guiraud.

— Les tortures m'arracheront-elles un mensonge ? dit Guiraud en se débattant.

— Tes parjures récens dans cette même enceinte, dit froidement Dominique, t'ôtent le droit de faire croire à tes désaveux.

Guiraud se débattait toujours.

— S'il oppose trop de résistance, qu'on le mette à la question extraordinaire, dit Dominique sans s'émouvoir.

A l'un des angles de la tente, quatre anneaux en fer étaient scellés dans deux poteaux plantés à dix pieds l'un de l'autre. Quatre bouts de corde huilée étaient passés dans ces anneaux. Un nœud coulant y lia Guiraud par chaque poignet et chaque cheville, de telle sorte qu'il se trouva horizontalement suspendu à un mètre du sol.

Il voulut se débattre alors, mais chacun de ses mouvemens resserrant les nœuds des cordes, augmentait sa douleur et son supplice.

Il écumait, il grinçait des dents, son sang filtrait à travers les cordes.

Au fond de la salle, dans l'ombre, Dominique souriait.

— Guiraud, dit-il, pour la dernière fois je t'interpelle de dire la vérité. N'as-tu rien à avouer ?

— Tu n'es qu'un lâche ! répondit Guiraud d'une voix rauque et altérée par la souffrance.

Dominique ne fit qu'un signe.

Trois questionnaires s'avancèrent.

L'un mit dans la bouche de Guiraud un tronçon de corne recouvert d'un linge ; un autre le prit par les cheveux pour lui tenir la tête fixe et un peu basse; le troisième lui pressant le nez qu'il lâchait de temps en temps pour lui laisser la liberté de respirer, lui versa dans la bouche, lentement et d'un peu haut, de l'eau contenue dans un pot de deux pintes.

L'informe entonnoir que Guiraud avait entre les dents le forçait à avaler l'eau sans en perdre une goutte. Il ne pouvait faire tort à la justice d'une gorgée. Il suait. Il étouffait. Le questionnaire versait toujours.

Bientôt Guiraud ne s'ébranla plus par saccades; ses secousses devinrent rares, mais ses yeux semblèrent s'échapper de leurs orbites. Il se tordit lentement sur lui-même, laissant voir ses veines gonflées par la douleur. Il ne poussa pas un cri : le tronçon de corne qui tenait sa bouche ouverte l'en empêcha : mais on entendit un gargouillement sourd occasioné par l'eau qui s'engouffrait dans son œsophage.

Tout devint effrayant dans cette scène, l'immobilité et le silence des acteurs plus que tout.

Ces questionnaires qui torturaient avec le mécanisme impassible et la rigoureuse ponctualité d'une machine à arrêt, ce patient dont les contorsions lentes et sourdes dénotaient l'horrible souffrance, ces juges dont les regards fauves comme ceux du tigre, brillans dans l'obscurité comme les siens, cherchaient, dans les ébats de leur victime, une émotion pour leurs sens blasés : et puis, leurs voix qu'on entendait sourdre de l'ombre, et, comme des puissances invisibles, jeter des ordres dans la partie éclairée; ces redoutables instrumens qui couvraient le sol, la lugubre décoration du lieu, tout avait quelque chose d'épouvantable et d'atroce. On aurait dit l'appareil judiciaire de l'enfer mis à la disposition des hommes.

Guiraud buvait toujours. Il en était déjà à son quatrième pot de deux pintes. C'était la question ordinaire; il en fallait huit pour la question extraordinaire.

Le questionnaire ne fonctionna plus. Il ôta de la bouche de Guiraud le tronçon de corne qui lui servait à la fois d'entonnoir et de baillon.

Dominique quitta son siège, et dans ce cruel moment ne voulant épargner à Guiraud ni les tortures, ni les sarcasmes, il s'approcha de lui, se baissa tout près de son oreille et lui dit bien bas:

— Bonne joie, sire de la Bessède !

Cette amère raillerie fut pour Guiraud le coup le plus poignant. Faisant taire ses souffrances, il bondit sur ses liens, et, à défaut de paroles, de sa poitrine gorgée d'eau s'échappa un effroyable grognement.

—Oh ! oh! dit Dominique en reculant d'un pas, cet homme a encore autant de force que d'obstination. Qu'on le mette à la question extraordinaire : elle domptera l'une et l'autre.

A ces mots, la figure si décomposée de Guiraud prit un inexprimable caractère de terreur. Plus que jamais ses yeux se vitrèrent : sa tête penchée en arrière parut séparée de son corps : ses lèvres livides se contractèrent horriblement et firent saillir ses dents ébranlées par les tortures, et semblables, par leurs oscillations, aux dents mobiles du serpent de la mort.

Dominique s'en aperçut.

— Tu trembles, misérable ? murmura-t-il tout bas.

—Je n'entends pas, dit Guiraud en se tournant vers lui.

Il y avait tant de lâcheté dans son sarcasme que Dominique n'osa le répéter.

Il regagna son siège lentement et sans dire mot, tandis que les questionnaires, les yeux fixés sur lui, attendaient son signal pour se remettre à l'œuvre.

Il était prêt à le donner lorsque d'une voix à peine articulée et déchirée par la souffrance, Guiraud s'écria :

— Délivrez-moi de mes liens, j'avouerai tout ce que vous voudrez.

— Ta langue n'est-elle pas libre? dit Dominique.

— La douleur m'en ôte l'usage.

— Qu'on le constate, reprit Dominique.

5

Et un homme qui, jusqu'à ce moment, les yeux toujours fixés sur Guiraud , avait paru intéressé à cette scène, s'avança gravement vers lui.

C'était un *mir* (1).

Son pourpoint était lugubre et noir comme celui d'un clerc. Une énorme et raide fraise lui bridait la tête et le cou. Il avait aux pieds de larges bottes jaunes de Cordoue, et sur sa tête un turban déformé. Il paraissait fier de son costume à demi mauresque.

Il fit délier Guiraud, l'assit, et après un minutieux et sévère examen, le déclara hors d'état de supporter plus long-temps la question.

Guiraud le remercia d'un regard.

—Etes-vous bien sûr de ce que vous dites, Cid—Hamet-Stringlangeli ? dit Dominique au mir.

— Aussi sûr que la science du docte Rasez,

(1) Médecin.

dont je suis disciple, l'emporte sur celle des physiciens du pays français (1).

— C'est bientôt dit !

— Et bientôt prouvé, reprit le mir. Pour empêcher le liquide de pénétrer, le patient a serré trop fortement l'isthme du gosier ; par contrecoup les sphincters de l'anus et de la vessie se sont relâchés, et quelques gorgées de plus doivent nécessairement amener l'asphyxie.

— Ces notions prises chez les Arabes hérétiques, s'il en fut , pourraient être erronées !

— Elles ne le sont pas. L'école de Jahen dont je sors n'admet que des choses reconnues vraies par une longue expérience. Sans s'éloigner jamais des principes posés par son docte fondateur Rasez, elle n'imite pas les

(1) C'était ainsi que l'on appelait les médecins de France.

aberrations de l'école de Paris, qui se mêle parfois de discuter ceux de son maître Hippocrate.

— Examinez de nouveau l'état de l'accusé, dit Dominique, dont la déclaration du *mir* contrariait les projets.

— Je veux, dit-il, perdre mon nom de Cid-Hamet-Stringlangeli , mir arabe de l'école de Jahen , disciple du divin Razez , explorateur de la montagne des Lions, et passé au service des chrétiens depuis la sanglante défaite des Naves de Tolose (1), si cet homme peut supporter la torture sans mourir.

Après ces mots, le mir regagna gravement sa place.

— Et qu'importe qu'il meure ? s'écria bru-

______

(1) Alphonse IX, roi de Castille, et Sanche, roi de Navarre , remportèrent sur les Maures, aux Naves de Tolose, une victoire où 200,000 infidèles restèrent sur la place.

talement Dominique : c'est un corps confis-
qué.

— Rien ne le prouve encore, dit l'un des
juges.

— Tout le prouve au contraire, reprit Dominique; son âme appartient à l'enfer, et son
corps à la justice.

— Il avait promis des aveux.

— Eh bien! qu'il parle! sinon il expiera son
obstination de sa vie. On le torturera jusqu'à
la mort.

Et après un moment de silence :

— Trouverait-il par hasard des défenseurs
parmi vous? Jésus a eu son Judas! ajouta Dominique en promenant lentement ses regards
sur tous ses collègues.

Un murmure d'improbation accueillit cette
insolente apostrophe imprudemment jetée à
la tête des autres juges.

Ce mouvement n'échappa pas à Guiraud.

Trop adroit pour ne pas profiter de cet incident, il fit un violent effort sur lui-même. Ramassant le peu de forces que n'avait pas paralysées la torture, se levant à demi et jetant ses accens éteints au milieu du silence de tous, il s'écria :

— J'ai promis des aveux, je vais les faire. Je jure par tout ce qu'il y a de plus saint au monde que je suis innocent du crime dont m'accuse Dominique. Si je mens, que ce feu me charbonne la main.

En disant ces mots il se traîna vers un des brasiers. D'une main s'appuyant au sol, et, de l'autre, saisissant avec frénésie une barre de fer rougi, il l'éleva au-dessus de sa tête, la pressant quelques instans, la remit à sa place et dit :

—Fais-en autant, Dominique !

Puis étalant sa main ouverte aux regards stupéfaits de tous, il la montra intacte et sans cicatrice.

Le feu n'y avait point laissé de trace.

A la vue de cet homme aux poignets et aux chevilles disloqués, à la face décomposée, au corps meurtri par les tortures, ranimant son dernier souffle pour braver l'effet de l'élément le plus destructeur, luttant avec succès et par une espèce de prodige contre l'action dévorante du feu, tous se dirent intérieurement : « Cet homme n'est pas coupable. »

Dominique seul chancelant dans ses résolutions, désespérant de perdre sa proie, roulait des yeux comme un hydrophobe qui sent l'arrivée de son accès. L'acte de Guiraud avait rebondi contre son cœur comme sur le marbre d'une statue ; il n'en était rien resté, mais chez les autres l'effet en avait été décisif.

Il le vit, et cependant il essaya de l'annuler.

— Je ne veux d'autre preuve, s'écria-t-il, de la culpabilité de cet homme que son acte même. S'il n'avait pactisé avec l'enfer, jouerait-il ainsi avec le feu?

Un grand homme n'est pas grand depuis le matin jusqu'au soir; l'aigle seul des blasonneurs conserve en tout temps ses ailes déployées.

Dominique s'en aperçut dans cette circonstance.

Quelques rires ironiques accueillirent ses paroles, et un des juges les plus influens, Pons de Saint-Gilles, se leva et dit :

— Je ne condamnerai jamais cet homme, il est innocent à mes yeux !

Tous les autres en dirent autant.

Dominique resta seul de son avis.

Son étoile avait pâli.

Guiraud fut sur le champ mis en liberté. Il avait vaincu Dominique avec ses propres armes. Un faux miracle l'avait amené devant son tribunal, une supercherie l'en avait arraché.

Prévoyant les tortures, il s'était au hasard frotté les mains avec un élixir dont il devait le secret à Brunelle, et préservant momentanément de l'action du feu les corps qui en étaient enduits.

Ce fut heureux pour lui.

XV.

L'AGONIE.

> Son âme à moitié échappée de son
> corps, devient presque visible sur
> son visage.
>
> CHATEAUBRIAND.

Les habitans des Iles Philippines, nés au milieu des épices, n'en sentent plus l'odeur et ne les trouvent bonnes qu'à faire des matelas.

Il en fut de même de Dominique et de ses collègues. Blasés sur la vue des tortures comme ces insulaires sur l'odeur des parfums, il y eut mécompte dans leur joie promise après l'incident qui avait rendu Guiraud à la liberté. Ce qui aurait suffi pour révolter la pitié la plus profonde, pour ébranler l'inhumanité la plus féroce, les avait à peine émus. L'horrible question subie par ce malheureux n'avait été pour eux qu'un drame sans dénouement. Il leur en fallait un cependant : Llinda était là, attachée à son poteau, attendant son tour, elle en fit les frais.

Plus que tous, Dominique se montrait inexorable : sa haine, son orgueil, son amour-propre, toutes ses passions d'homme venaient d'être violemment froissées. Guiraud, Llinda, ses collègues, au-dedans, au-dehors, il n'était pas un être sur qui, dans ce moment, il n'eût voulu déverser sa rage. Trop dissimulé pour la laisser percer, il la masquait sous une feinte indifférence. Il la dévorait en attendant sa revanche.

— Femme, dit-il, en s'adressant à Llinda, s'il vous restait quelques doutes sur la vertu des rigueurs salutaires employées par le tribunal pour parvenir à la découverte de la vérité, ce qui vient de se passer aurait dû suffire pour les dissiper. Guiraud se serait épargné des tortures si....

— Ah! ne les regrettez pas! s'écria Llinda en interrompant Dominique, il les méritait, les tortures!... Il n'est pas de crime dont il ne se soit souillé; il n'est pas de forfait qu'il n'ait rêvé ou exécuté!... Sortilèges, hypocrisie, scélératesse, brutalité, il a essayé de tout, usé de tout pour m'entraîner dans l'abîme.... Mais, moi, qu'ai-je fait?... Mon seul crime est d'avoir été sa victime, et en demandant justice de m'être adressée à celui qui aurait dû être mon père et qui n'est que mon bourreau !...

Des larmes coulant abondantes et amères de ses yeux l'empêchèrent de continuer.

— Avant tout, dit Dominique, j'ai mon devoir à remplir.

— Ce devoir est horrible, reprit en pleurant Llinda, s'il vous ordonne de torturer au hasard, de trouver des coupables à tout prix.... C'est une mission de l'enfer, et non pas une mission du ciel!... Mais, dit-elle en se reprenant et avec un sourire de désespoir, n'écoutez pas ce que je dis.... je divague.... Le malheur et la souffrance m'ont brouillé les idées.... C'est que depuis quelques jours je souffre tant.... mais tant!... O mon Dieu! mon Dieu! qu'il est loin, mon dernier jour!..

— Moins que vous ne croyez, peut-être.

— Ah! puissiez-vous dire vrai!

— Pesez vos paroles, lui dit Dominique d'un ton sévère, c'est un crime de désirer la mort. Dieu sait mieux que nous ce qu'il nous convient, et ne laisse jamais le malheur sans consolation, et l'innocent sans défense.

—Ne me laisse-t-il pas, moi? dit Llinda d'un accent déchirant.

— Vous êtes dans une situation exceptionnelle. Née dans l'hérésie et d'un père qui fut l'ennemi Dieu, vous portez avant tout le crime de votre naissance : au lieu de douter de la bonté du Ciel, inclinez-vous et adorez la main qui vous frappe.

— Depuis long-temps, dit Llinda lentement et avec des pleurs dans la voix... je n'ai pas fait autre chose!... Depuis long-temps mes jours n'ont été que des larmes et des prières, et mes nuits que des prières et des larmes.

— Votre mémoire vous sert mal , sans cela vous ne seriez pas ici.

—Et qu'ai-je fait, grand Dieu?.. Frêle jouet du malheur, j'ai été ballottée par l'inhumanité

et le crime. Un cœur sec et froid a joué avec
mon bonheur, un cœur infâme avec ma vertu
et mon existence... Je n'ai pas fait un pas dans la
vie sans les rencontrer l'un ou l'autre acharnés
après moi, empoisonnant mes rares momens de
félicité , m'enviant les joies les plus communes,
ces joies de tout le monde, celles d'épouse et de
mère!.. Et cependant je ne leur avais jamais fait
de mal ; je ne leur en avais jamais souhaité !..
Ils m'ont vouée à l'anathème des prélats !.. Ils
m'ont jetée comme une proie à une populace furieuse !... Ils m'ont dépouillée de mes biens et
m'ont abandonnée sans ressource à la charité
des passans !... Ils ont écrasé Saphor sous les
coups de leurs lâches attaques !... Ils auraient
piétiné dans le sang de mon fils s'ils avaient
connu l'heure de son agonie !.. Et puis, quand
leur lâche haine a eu scellé la tombe de mon
enfant, brisé l'avenir de mon époux et em-
poisonné ma vie, à moi, l'un m'a flétrie, souil-

lée et rayée des joies de ce monde ; l'autre va me juger, me condamner sans doute, et me fermer l'entrée du monde éternel!... L'un, c'est Guiraud ; l'autre, c'est....

— Vous accusez et ne vous défendez pas, femme ! dit Dominique en l'interrompant.

— Et de quoi suis-je accusée pour me défendre ?

— Du crime qui vous a conduite ici.

— Quel est-il ?

— Qui peut le savoir mieux que vous ?

— Vous, qui me l'imputez !

— Ici l'accusé doit avouer lui-même son crime. La honte d'un aveu public est déjà un commencement d'expiation. Elle peut offrir une voie au repentir, et provoquer la clémence des juges.

— Mais si l'accusé n'avait rien à avouer ?

— Il ne serait pas ici.

Ces mots si froidement impitoyables de

5

Dominique glacèrent Llinda jusqu'à la moelle de ses os.

Jusque-là, confiante dans son innocence, elle avait cru que la vue des tortures n'était qu'un moyen pour lui arracher le secret de la retraite de Saphor. Révoltée de menées si infâmes, elle avait parlé avec énergie. Mais en entendant Dominique lui jeter à la tête le mot de clémence comme une amère ironie, oh ! alors, la femme forte disparut, l'être faible resta seul. Elle pâlit, elle trembla, elle sanglota, elle supplia, mêlant tout, supplications et larmes, terreur et faiblesse.

Rien ne fut écouté.

Et c'était pitié de voir cette malheureuse presque nue, la tête penchée sur sa poitrine, n'osant regarder en face cette horde de juges dont les yeux impudiques ne discernaient, dans cette si cuisante douleur, qu'une belle femme dont ils cherchaient à démêler les formes ravissantes sous la longue camisole qui la recouvrait !

— Si vous vous obstinez à vous taire, lui dit Dominique, la torture vous fera parler.

Llinda ne l'entendit pas. Toute une série d'horribles souffrances venaient de se révéler à son esprit. Elle frissonna.

Pendant quelques instans encore elle resta immobile, adossée à son poteau, paralysée, percluse. Mais quand elle vit les questionnaires, sur un signe de Dominique, s'approcher d'elle avec leur ricanement atroce; quand elle entendit le sombre fracas des instrumens à leur usage, là, auprès d'elle, il lui sembla voir des démons se ruant sur son misérable corps. Elle poussa un cri : elle se rejeta violemment en avant, mais pas moyen de fuir. Les liens qui l'attachaient étaient solidement fixés. Elle trépigna, elle cria. Puis elle entendit de plus près l'effrayant cliquetis des ferrures.... Elle vit des têtes hideuses paraître au niveau de sa tête. Elle sentit des mains dures et calleuses tâter son corps et la dégager de ses liens. Ses cris devinrent déchirans. Elle se débattit échevelée et furieuse. Sa voix perçante jeta à l'air des mots de désespoir et d'angoisse.

— Vous voulez me torturer? disait-elle. Pourquoi ne pas me faire mourir?... Je n'ai rien à avouer, mais rien.... C'est de la cruauté sans motif.... Tuez-moi, au nom de Dieu, tuez-moi.... mais ne me torturez pas !... Je suis si frêle, si faible...., Voyez comme la souffrance a abattu mon corps.... comme je tremble de terreur et d'angoisse !... Ah ! vous m'épargnerez la torture.... Je vous en supplie.... par votre mère, si elle est encore en vie ; par son âme, si elle ne l'est plus ! Oh ! vous n'êtes pas des hommes sans pitié !... Vous ne voudrez pas vous repaître des souffrances d'une

infortunée qui ne vous a jamais rien fait?...
N'est-ce pas que je ne vous ai jamais rien fait?...
Eh bien! pourquoi voulez-vous me laisser
souffrir?... Si vous saviez tous les tourmens
que j'ai endurés déjà!... et cependant je suis
si jeune.... et cependant je n'avais fait de mal
à personne!... O mon Dieu!... mon Dieu!...
tu le sais bien, toi!...

Llinda parlait à du marbre.

Les âmes des juges étaient dans leurs yeux
fixés sur la victime, froids, indifférens, et tous
disposés à des émotions plus tragiques. Nul
sentiment de pitié ne pouvait remuer leurs entrailles. Les angoisses d'un être souffrant étaient
leur joie, son agonie leur délire. Llinda n'avait
rien à attendre d'eux.

Malgré ses efforts, ses supplications et ses
larmes, hissée en l'air par des cordes qui sou-
tenaient son corps en équilibre, elle fut assise
de tout son poids sur un poteau d'environ

trois pieds de hauteur, terminé par une pointe qui n'avait guère plus de surface que l'ongle du pouce. On approcha d'elle des brasiers ardens, et un questionnaire, passé maître en raffinement de cruautés, tint un miroir à sa portée (1).

Dès qu'elle sentit les atteintes sanglantes du poteau, Llinda poussa un cri long et aigu qui retentit dans la tente et au-dehors au loin. Mais quand, à cet horrible supplice, se joignit la chaleur dévorante des brasiers placés au-dessous d'elle, il ne s'échappa de sa poitrine que des sons étouffés et rauques comme des râles de mourans. Elle se secoua, se trémoussa, pour hâter le dénouement ; ses contorsions ne firent que multiplier ses blessures.

(1) Ce genre de torture se nommait *la beyado*. Il a été depuis fort usité en Italie, sous le nom de *la veglia*. Il ne faut pas le confondre avec *la catasta* qui consistait à attacher le patient sur un lit de fer, près duquel on approchait du brasier.

Ses nerfs et ses muscles, plus irritables par leur nudité, se calcinèrent. Sa voix, tantôt rendue plus aiguë, tantôt étouffée par les tortures, poussait des cris perçans ou éteints qui navrèrent l'âme. Seuls, ils interrompirent le silence de ce lieu, mêlés au frissonnement du sang qui, de ses chairs mutilées, coulait par gouttes dans le feu d'où il s'exhalait en fumée noire et épaisse.

Elle parla.

— O mon Dieu! dit-elle, que vous ai-je donc fait pour que vous me laissiez tant souffrir?... O mon Dieu! mon Dieu!... prenez mon âme.... Oh!... oh!... éloignez de moi ces brasiers ardens!... Oh! que je souffre!....

Puis tout à coup ses tourmens la firent hurler comme un bête fauve; la sueur ruissela sur son corps tremblant comme celui d'un fiévreux; ses dents claquèrent comme des dés agités dans un cornet; ses doigts se recourbèrent comme les serres d'un vautour ; ses yeux devinrent flamboyans et rouges comme les meurtrières d'une tour en ruines derrière laquelle se couche un soleil enflammé ; sa bouche se disloqua dans des contorsions affreuses.

Ce fut épouvantable! horrible !

Un questionnaire lui tint toujours le miroir à portée.

Elle hurla dans les convulsions de la rage.

— Qu'on lui mette un baillon, dit froidement Dominique.

C'était inutile ; la douleur avait rendu cette précaution superflue. Llinda ne cria plus, ne hurla plus, mais sa voix éteinte râla les mots suivans :

— De l'eau !... par pitié! de l'eau !... donnez-moi une goutte d'eau !...

Et recueillant la sueur abondante qui sillonnait son visage, elle s'efforça d'en humecter ses lèvres.

Alors sa voix devint caverneuse et inégale comme les derniers tintemens d'une cloche.

— Oh !... tuez-moi !... par charité !... tuez-moi !... s'écria cette infortunée.

Puis elle ne parla plus ; mais levant les yeux vers Dieu, elle dévora ses souffrances et chercha dans son cœur une fervente prière, oraison sublime dont les anges purent seuls compter les mots et les pleurs.

Peu après ses yeux se fermèrent ; sa tête tomba penchée sur sa poitrine ; sa langue desséchée bégaya encore quelques sons inarticulés.

Elle défaillit !

En reprenant ses sens, Llinda se trouva dans la même tente, entourée des mêmes hommes, et couchée par terre sur quelques bottes de paille.

Le *mir* lui prodiguait ses soins; amère et cruelle dérision dans cette circonstance.

Dominique, à qui tant de souffrances ne suffisaient pas encore, lui adressa quelques questions sur sa foi religieuse. Sans voix, sans mouvement, torturée par une douloureuse agonie, Llinda parut ne pas l'avoir entendu.

— Vous le voyez, dit Dominique à ses collègues, elle ne répond pas : elle est coupable; qu'elle périsse dans les flammes !

Elle voulait bien répondre, la malheureuse! mais elle ne le pouvait pas. Ses yeux seuls parlaient; sa langue restait collée à son palais.

Dominique le savait bien.

— Elle est peut-être chrétienne, dit un des juges.

— N'importe, reprit Dominique, qu'elle soit brûlée, afin que si elle est chrétienne, le feu serve à l'expiation de ses péchés, et à punir son hérésie si elle ne l'est pas (1).

L'infâme ! il n'ignorait pas qu'elle était chrétienne ; son anathême, lors de l'abjuration de cette malheureuse , n'avait-il pas porté des fruits assez amers?

Tout horrible qu'était la sentence qu'il venait de prononcer , les autres juges y acquiescèrent.

Llinda n'en parut pas émue.

(1) Historique.

XVI.

LE BUCHER.

Le temps survient et rien n'eschappe
La main du temps qui tout attrape,
Et bien souvent celuy qui pense
Fuyr une juste vengeance,
S'enferre et luy-mesme se prend
Au fil où son malheur l'attend.

AGNOSTE S. M.

Une image vraie de la vie de l'homme,
c'est une demi-douzaine de petits pourceaux
conduits par un enfant, et attachés à autant

de cordes différentes. Chacun d'eux tiré de son côté. L'enfant, c'est l'homme; les cordes, les considérations physiques ou morales qui le brident, les pourceaux, les passions, ces tyrans de la pensée, du cœur, de la tête, des bras, de tout. Aussi, soumis comme tant d'autres à leur variable volonté, Guiraud, dont la brutale scélératesse avait poussé Llinda dans l'abîme, voulut arrêter sa chute. Une passion l'avait porté à cette infamie ; une autre lui en montra de loin des résultats inattendus. L'amour et la haine l'avaient rendu impitoyable, la vengeance le rendit humain.

Voici comment.

L'horrible sentence qui avait frappé Llinda s'était répandue dans le camp : Dominique s'en était fait gloire, Guiraud résolut de la tourner contre lui en déclarant, pendant l'absoute (1), que Llinda était chrétienne. Ce ti-

(1) Dans quelques localités, les juges, avant de sup-

tre valait parfois la vie à cette époque de foi
farouche, et une flétrissure morale stygmati-
sait tout juge qui condamnait sans y avoir
égard. Dominique se trouvait dans ce cas.
Pour donner plus de poids à son accusation,
Guiraud s'était fait suivre par ses Routiers armés.

Quinze jours s'étaient écoulés depuis la condamnation de Llinda. Cette malheureuse ne
devait pas ce sursis à un sentiment tardif de
pitié; mais exténuée, mourante, elle ne donnait que rarement de faibles signes de vie, et
les juges n'avaient pas voulu envoyer un cadavre au bûcher. Il leur fallait, à eux et à leurs
sicaires, des cris d'angoisse, des hurlemens
de désespoir et de rage, une vie pleine de

plicier un hérétique, demandaient aux assistans la con-
fession des crimes ou des fautes qu'ils connaissaient
au condamné, afin qu'on pût l'en absoudre et le mettre
en état de paraître sans péché mortel devant Dieu.
Cela s'appelait l'absoute, *discoulp.*

sève. Ils étaient raffinés dans leurs jouissances, ces gourmets de sang humain ! Cependant, craignant que la mort ne leur ravît leur proie, ils avaient fixé le jour du supplice, préférant brûler une mourante qu'une morte.

Dès le matin du jour fixé, tout dans le camp prit un air de fête. Un bruit inusité de *trompes*, de *micamons*, de *psalterions*, retentit d'un quartier à l'autre.

C'étaient des familiers du tribunal présidé par Dominique, vêtus de pourpoints noirs, montés sur des chevaux caparaçonnés de noir, et parcourant le camp avec un nombreux cortège.

En tête marchaient six trompettes avec banderoles noires, accompagnés du crieur juré. Après eux venaient les archers de la prévôté du camp, suivis des *fougatous* (1) au

____

(1) Hommes chargés d'attiser et d'alimenter le bûcher.

casque pyramidal, au pourpoint noir bariolé de flammes rouges.

Cette troupe s'arrêtait de temps à autre, et au son des trompes, le crieur juré lisait la proclamation suivante :

« Aujourd'hui dimanche de *Reminiscere*, « après vêpres, Dieu aidant et selon la juste « sentence prononcée par le saint tribunal, « sera brûlée sur le préau, à gauche près le tri- « pot de la vierge Marie, l'hérétique excom- « muniée, épouse de l'antechrist Saphor, sur- « nommé l'Ours-Blanc de la Bessède. Le dit « préau est désigné pour rendez-vous à tous « ceux qui voudront assister à son supplice, « et dire pour elle un *pater* et un *ave*. Ainsi- « soit-il.

Cette proclamation avait fait sensation dans le camp. Ce spectacle si désiré ferait attendre avec plus de patience l'arrivée des hérétiques de la Bessède. Les gens d'église paraissaient triomphans. On voyait çà et là courir affairés et rieurs des chapelains de tout âge, des moines de toute couleur, de toute allure, noirs ou blancs, barriolés ou sans mélange, barbus ou sans barbe, chaussés ou déchaussés, tondus ou à longue chevelure. Les soldats s'abordaient en riant, et se montrait sur un mamelon un bûcher surmonté d'un pavillon noir.

Il devait être le tombeau de Llinda !

Autour de ce mamelon surtout se révélait le goût prononcé d'alors, pour le spectacle si barbare qui se préparait. Une foule attentive et curieuse y fourmillait, échangeant des lazzis et des sarcasmes avec les *fougatous* qui dressaient le bûcher et les chapelains qui ordonnaient. Quand il fut prêt, il y eut une rage de battemens de mains et de hurlemens de joie ; les chapelains y répondirent, et ce fut une chose effrayante que cet échange de gaîté au pied de ce bûcher.

Tout à coup, un *fougatou* parut avec une torche allumée. On eût dit qu'il mettait le feu à tous les cerveaux. Tous trépignèrent et battirent des mains éclatant en cris de joie , en chansons, en menaces, en exclamations furibondes, en imprécations mêlées d'éclats de rire poignans à entendre. S'ébranlant à la fois comme par un mouvement frénétique, ils se rattachèrent par les mains, se formèrent en ronde immense autour du bûcher. Ils tournèrent à fatiguer les yeux. Ils chantèrent une chanson de mort tantôt plaintive, tantôt furieuse et gaie. Des éclats de rire déchirés et haletans se mêlèrent aux paroles ; puis leurs acclamations furibondes, le bruit de leur armure s'entrechoquant en cadence , le tintement des crécelles qui parcouraient le camp , sonnant les vêpres , servirent d'orchestre à cette ronde échevelée, infernale comme celle du sabbat.

Après les vêpres, qui par ordre de Dominique avaient été avancées de deux heures,
la foule inonda les alentours du bûcher, prenant tumultueusement sa place au loin, derrière les sièges destinés aux sommités de l'armée et du clergé. Les seigneurs et les chevaliers arrivèrent à la file. La plupart étaient
sans armes, et portaient par-dessus le haubert le gambasson, vêtement lâche qui leur
descendait jusqu'aux genoux. D'autres, par-
dessus leur poitrinail en fer, étaient revêtus
de pourpoints de satin ou de velours, ou d'un
manteau d'or et d'argent, sur lequel se déta-
chaient brodées leurs armoiries. Puis, venaient les prélats en habit de ville, et le légat
Milon escorté de ses diacres et de ses abbés.
Il fut accueilli par les cris de *Noël* : car un légat était plus qu'un seigneur, plus qu'un général d'armée, plus que tout.

Chacun prit sa place à grand'peine, tant ce
lieu regorgeait de monde.

Enfin parut le cortège.

Comme celui de Montpellier lors de l'a-mende honorable de Saphor, il se composait de chapelains, de clercs, de moines revêtus de leurs habits de chœur ou d'ordre comme à une grande solennité. Après leurs longues files d'inutilités cléricales, une charrette peinte en rouge, lourdement traînée par des bœufs, fixa l'attention de la foule. Elle était entourée des membres de la confrérie des bouchers et de frères prêcheurs, tenant à la main des tor-ches éteintes; au milieu, vêtue d'une espèce de sac de toile grise, semé de larmes noires, était Llinda, couchée à demi morte, tenant à la main un cierge de cire jaune. A côté de la charrette était le bourreau habillé de rouge, une hache et un nerf coulant suspendus à la ceinture.

Dominique le précédait de quelques pas. Guiraud qui, de ses récentes tortures ne

conservait qu'une implacable soif de vengeance, marchait tout auprès.

— Compte tes momens de joie, dit-il tout
bas à Dominique en se glissant à côté de lui ;
compte-les : ils ne seront pas longs. Au bûcher je yeux déclarer que Llinda est chrétienne
et que tu le savais.

— Tu n'oseras pas ! reprit Dominique en
jetant sur lui un regard de rage.

— Bah !

— Vois toute cette foule immense et avide
d'une victime. Il lui en faut une aujourd'hui.
Si celle-là échappait, tu pourrais bien brûler
à sa place.

— Ou toi peut-être ! dit Guiraud en s'éloi-
gnant.

Dès ce moment, Dominique devint soucieux et sombre. Il savait tout le parti que pouvait tirer Guiraud d'une telle accusation, et se
repentait vivement de ne pas l'avoir prévue.

L'ayant suivi des yeux, il l'aperçut à quelques pas de lui joindre une bande de Routiers, qui seuls suivaient le cortège en armes.

Cette circonstance l'effraya plus que tout. Il vit tramé contre sa vie un complot dangereux et ourdi avec scélératesse. Il tremblait enfin, cet homme ; la soif de vengeance l'avait pris au dépourvu. Il roulait ses yeux comme un taureau acculé dans l'arène, et Guiraud le désignant effrontément à ses Routiers, le fascinait par son insolent regard.

Dominique rêva au moyen de conjurer cet orage, mais son ingénieuse astuce fut en défaut. Dans sa rage il leva les yeux vers le ciel et crut y lire son arrêt.

A quelques pas de lui et tout près de la charrette sur laquelle gisait Llinda, marchait un homme armé dont l'allure douloureuse et morne contrastait avec la figure sereine et joyeuse de tout ce qui l'entourait. Ses traits étaient cachés sous la visière baissée de son casque , et sa pose seule révélait sa douleur profonde.

C'était Saphor.

Instruit par le bruit public de la si tragique mésaventure de Llinda et de tous ses horribles détails, il s'était rendu au camp pour mourir avec elle , pour la venger sur Guiraud , sur son père, sur tous. Il y était arrivé au moment du départ du cortège.

Placé auprès de la charrette, il avait d'abord regardé avec une sorte de terreur cette figure éteinte et décomposée qui avait été Llinda. Son cœur avant ses yeux l'avaient reconnue , et une de ses mains portée à sa bonne dague en avait pressé le manche avec frénésie; et ses yeux roulans et furibonds avaient cherché une victime, se posant toujours et malgré lui sur Dominique.

C'était désolant : Dominique était son père

Elle était terrible, cette lutte entre l'amour et la nature, le devoir et la vengeance! Son épouse, son amante était là gisante auprès de lui, méconnaissable, défigurée par la torture et la souffrance, inanimée presque, conduite à la mort, et tout auprès, son père à lui triomphant, bourreau de son épouse, de son amante. Et la nature cédait à l'amour, et la vengeance pliait devant le devoir! Flottant entre tant de sentimens contraires, Saphor pleurait de rage, et sa main restait comme attachée au manche de sa dague.

Dans cette horrible situation d'un homme qui ne peut se venger sans tuer son père, il vit Guiraud s'approcher de Dominique : il entendit une partie de ses paroles. Un trait de lumière en jaillit : alors plus d'indécision, plus d'incertitude, il crut voir à-la-fois le moyen de sauver et de venger Llinda. Il jeta la vue sur elle comme pour lui faire agréer son pro-

6.

jet et partager son espoir; mais les yeux de cette infortunée étaient clos; rien ne révélait en elle un indice de vie. On l'aurait dit morte.

Le cortège avançait toujours à travers cette cohue de soldats si avides de tortures, si affamés de supplices, passant leurs têtes curieuses pour découvrir de la douleur ou de l'angoisse sur la figure de Llinda. Mais cette malheureuse, sacrifiée à la haine ambitieuse d'un homme, et aux joies barbares de plusieurs milliers d'autres, ne donnait aucun signe de vie. Son immobilité trompait l'attente de tous, et lui valait au lieu des applaudissemens usités, des imprécations et des sarcasmes. Plus que jamais les croisés regrettaient les cinquante hérétiques de la Bessède. Depuis plusieurs jours on les leurrait de leur arrivée prochaine, et en remplacement de leurs cinquante existences pleines de sève et de vie, on leur donnait un simulacre de victime vivante. Ce n'était pas là une compensation suffisante à leurs joies promise : c'était une mystification. Ils murmuraient presque.

Comme corollaire à tant de délirante inhumanité, trois hommes, Dominique, Saphor et Guiraud rêvaient de haine, de vengeance et de sang. Saphor surtout ne perdait plus Guiraud de vue. Ses regards le suivaient dans la foule, plongeant étincelans sur lui comme ceux de l'autour sur la proie qu'il poursuit.

Il était nuit presque. Le cortège avait fait trois fois le tour du bûcher. Llinda toujours à demi-morte gisait sur la charrette. Les *fougatous* brandissant leurs torches allumées, rôdaient autour comme des ombres, et des milliers de voix attendaient avec impatience le moment de hurler le *Veni Creator* pour couvrir les cris de la victime. A quelques pas du bûcher, Dominique en tête du saint tribunal, fixait d'un œil méfiant Guiraud, qui, au milieu de ses Routiers, le bravait du regard et du geste. Saphor, la visière de son casque toujours baissée et la main à sa dague, s'était placé entre Guiraud et Dominique. Il était là avec toute sa rage et sa soif de vengeance, ne prévoyant pas qu'acharnés après Llinda agonisante comme après Llinda pleine de vie, ses deux persécuteurs allaient se la disputer encore; Guiraud pour la sauver, Dominique pour la perdre. Dans cette dernière lutte, l'enjeu de ces deux hommes était l'avenir et peut-être la vie : Saphor était loin de s'en douter.

La voix lente et creuse de Dominique entonna les prières des agonisans. Le bourreau et ses aides hissèrent sur le bûcher Llinda, qui dans ce moment et comme pour adresser un dernier adieu au monde, ouvrit lentement ses yeux éteints et voilés par la souffrance.

Ce mouvement n'échappa pas à Saphor ; et flottant entre sa soif de vengeance et le désir de presser dans ses bras Llinda vivante encore, il se raidit de toute la force de son âme contre ce désir qui pouvait faire avorter sa vengeance. Llinda jeta un cri plaintif : Saphor avec sa main passée sous son haubert se meurtrit le corps, arrachant par lambeaux les chairs de sa poitrine saignante. Llinda pleura : lui se déchira le flanc avec la pointe de sa dague. Nul ne soupçonna sa douleur si impitoyable. Au-dehors rien ne trahit ses frénétiques mouvemens de rage. Son sang bouillonna comme de la lave en fusion : son allure resta calme comme une ruine. Ses yeux seuls obstinément cloués sur Llinda, ressemblèrent à une pompe aspirante, puisant dans la vue de cette vie qui s'enfuyait, assez de désespoir pour jeter une ou plusieurs têtes aux bandes féroces qui l'entouraient.

Et tout autour la foule bruissait impatiente et joyeuse avec des rires, des lazzis et des sarcasmes ! Dominique acheva sa prière, éleva la voix et dit :

— Au nom du Dieu vivant, je somme tout homme qui aurait un crime à reprocher à la condamnée, de le confesser pour elle, afin que, par mon absolution, elle puisse se présenter sans péché devant Dieu.

Nul ne répondit à cet appel de l'*absoute*.

Guiraud seul fit quelques pas en avant. Par une tardive expiation, il allait arracher Llinda au bûcher, en déclarant qu'elle était chrétienne. Par cette hardie résolution il allait peut-être se venger de Dominique ; sa bouche s'ouvrit pour parler, laissa tomber ces mots :

— Elle est chr.....

Il n'acheva pas.

Un coup de dague cloua le mot dans sa gorge.

Il tomba mort.

Tous virent le bras qui avait frappé Guiraud : nul ne reconnut Saphor.

XVII.

LE JUGEMENT DE DIEU.

> Le désir est le père de la puissance :
> quiconque désire fortement, obtient.
>
> CHATEAUBRIAND.

> .... Cinquante sont venus.
> Pour escorte ils ont eu la populace vile,
> Qu'un moine fait sortir des égouts d'une ville,
> Eh bien ! ils sont tous morts sans ployer les genoux !
>
> BARTHÉLEMY.

Un tonnerre sortant d'un ciel bleu, et mêlant son roulement sonore aux éclats bruyans
d'une fête populaire, produit moins de stu-

peur que l'acte de Saphor. Tout se tut. Hagards d'étonnement et de curiosité, les yeux de tous restèrent d'abord fixés sur les siens. Puis des milliers de voix frappèrent l'air de cris de défi, d'interpellations, de sarcasmes : et tout cela sans interruption, sans répit, partant de mille points divers, se heurtant, se croisant dans l'air avec des vociférations et des hurlemens, des gestes de menaces et des signes de mépris. Après l'horrible silence qui avait précédé ce bruit, ce fut effrayant de voir tant d'étincelles renaissant de cette cendre.

Saphor n'en tint compte ; mais se hissant sur le cadavre de Guiraud, et brandissant sa dague dégouttante de sang.

— Soldats, s'écria-t-il en désignant Guiraud et puis Llinda : la mort de cet homme était juste, mais, épargnez cette femme ; elle est chrétienne !

Mille cris de vengeance et de mort accueillirent ces mots.

— Au feu ! au feu ! le brigand qui a frappé en traître, s'écriait-on de partout ! Au feu ! au feu ! Eh ! maître bourreau, coupez-lui l'antienne avant qu'il chante encore.

— Qu'on le brûle, s'écriaient d'autres en désignant Llinda, avec cette chétive hérétique à demi morte, et qui sent le hareng fumé comme un dîner de carême.

— Je demande à passer par le jugement de Dieu, à prouver ce que j'avance par le duel judiciaire, reprit Saphor sans se laisser intimider par ces vociférations.

— Non, non, s'écrièrent des milliers d'hommes qui ne voulaient pas transiger avec le supplice de Llinda, c'est un hérétique (1) : qu'on le brûle avec elle !

— Je combattrai trois chevaliers : l'un à

_____

(1) C'était un cri de mort comme le mot *huguenot*, pendant la Saint-Barthélemy ; comme celui d'*aristocrate*, pendant la terreur.

l'épée, l'autre à la dague, le troisième à la hache. Si je sors vainqueur de ce triple combat, douterez-vous alors de la vérité de mes paroles ?

Et il jeta son gant au pied du bûcher.

Les plus criards se turent : les plus courageux se consultèrent : le défi de Saphor l'avait rehaussé aux yeux de tous.

Cependant nul ne sortit des rangs.

— N'êtes-vous pas assez de trois ? reprit-il en les apostrophant; mettez-vous six, mettez-vous cent !

— Que dit-il ? le larron, demandèrent plusieurs commères qui s'étaient mêlées parmi les soldats.

— Il demande à passer par le jugement de Dieu.

— Ah ! par exemple, il croit peut-être que nous serons venues ici pour rien ! ah ben ! oui: trouve un combattant pour ce beau damoisel… Au feu ! au feu !

— Non, non, s'écrièrent quelques soldats , que la bravade de Saphor avait rangés de son parti : à la corde les commères , respect à la coutume ! En avant les champions.

—Oh ! oh ! voici le Dominique qui s'avance : qu'est-ce qu'il veut donc ?

En effet, Dominique sans reconnaître Saphor dont la visière baissée masquait les traits, s'était approché de lui.

— Et qui es-tu , pour tenter de couvrir par tes cris de défi la voix de la loi ? lui dit-il en s'approchant.

— Je suis ton fils ! répondit Saphor sans relever la visière de son casque, et de manière à n'être entendu que de lui.

— Qu'es-tu venu faire ici, malheureux ?

— Venger Llinda !

Dominique recula d'un pas. Il eut peur.

— Ou brûler avec elle ! balbutia-t-il.

Et il regagna lentement sa place, roulant des yeux de dépit et d'embarras.

Pendant ce colloque dont le sens et les mots échappèrent aux regards curieux et aux oreilles attentives de tous, trois chevaliers sortirent des rangs, et un genou posé en terre, demandèrent à Montfort l'autorisation de relever le gant, et au légat sa bénédiction.

Ils reçurent l'une et l'autre.

Ces trois champions furent accueillis par des battemens de mains et des cris de joie. Leurs noms connus déjà par des exploits brillans circulèrent de bouche en bouche, et des milliers de têtes se penchèrent en avant, le cou tendu, le regard fixé sur ces hommes qui allaient jouer au sang et dévorant d'avance, avec une impitoyable curiosité, les minutes qui leur restaient à vivre.

Un héraut d'armes posa au pied du bûcher deux épées, deux dagues et deux haches. Les trompes sonnèrent un de ces airs guerriers qui donnent au sang de la vitesse et de la chaleur. Saphor et celui qui devait soutenir le combat à l'épée s'avancèrent.

La lutte ne dura qu'un instant; Saphor essuya son épée sanglante au gambasson de ce champion mort, la posa, prit une dague et attendit le second avec cet air calme et bravache du désespoir.

Ce nouveau combat ne fut pas plus long. En un clin-d'œil il n'y eut plus sur le préau qu'un vainqueur et un vaincu. Saphor avait détruit deux hommes sans plus de difficulté que deux insectes.

Le troisième chevalier s'avança.

Jusqu'alors l'époux de Llinda avait frappé des coups si prompts, si décisifs qu'ils étaient passés inaperçus. En quelques instans, deux chevaliers connus par leur force et leur courage étaient tombés morts à ses pieds comme frappés par une puissance surnaturelle. On avait admiré le vainqueur, mais sans lui vouer cet intérêt, fruit de l'anxiété d'une lutte qui se prolonge. Malgré son double triomphe, il ne pouvait encore rien préjuger sur le sort de Llinda. Pour l'arracher au bûcher il lui fallait cette sympathie populaire que captive tout acte éminent de valeur ou d'audace; mais ces victoires trop peu disputées avaient semblé faciles. Le sang des deux chevaliers n'avait pas encore parlé assez haut.

Cette fausse position dont son amour alarmé prévit les conséquences l'attéra. La froide admiration des spectateurs corroda son âme d'incertitude et de crainte; aussi attendit-il le troisième combattant avec moins de courage et d'assurance.

Cependant, à l'approche de ce nouveau champion, il marcha droit à lui. Plein du sentiment de sa force, le croisé ne daigna pas l'attendre; il fit trois pas, au quatrième leva sa hache, et d'un coup de revers atteignit Saphor au bras. Les brassards amortirent le coup, mais le sang coula.

Des cris de joie frappèrent l'air : des trépignemens ébranlèrent le sol : des trompes sonnèrent des fanfares.

A tout ce bruit qui n'avait pas retenti pour ses victoires, à la douleur de sa blessure , à la vue de son sang qui ruisselait , Saphor poussa un cri de rage si terrible que tout fût silence, comme si sa colère eût effrayé ceux mêmes qu'il ne pouvait atteindre. Il courut sur le croisé, qui, fier de son succès, bondit sur lui tenant sa hache à deux mains.....

C'en était fait de Saphor s'il n'eût eu l'adresse d'éviter le coup; il se jeta de côté, et pendant que stupéfait de n'avoir frappé que l'air, son ennemi entraîné par son élan chancelait sur ses jambes, il l'atteignit à la poitrine : la hache s'y enfonça jusqu'au manche. Tel était l'effroyable silence de la foule que l'on entendit distinctement craquer les os brisés.

Le croisé tomba. Saphor se jeta sur lui, l'écrasant de tout son poids comme s'il eût voulu l'enfoncer dans la terre. Ce surcroît de rage lui fut fatal. Par suite de ses violens efforts ses mentonnières se brisèrent, son casque roula sur le préau, et de sa tête nue ruissela sur ses épaules sa longue chevelure blanche. Un soldat le reconnut. Il le nomma tout haut. Vingt répétèrent son nom. Cent se jetèrent sur lui.

Dominique fut un des premiers; mais cette fois ce fut pour le défendre : l'orgueil paternel avait étouffé la rancune monacale.

— Qui de vous, dit-il aux plus furieux, osera tremper ses mains dans le sang de celui qu'un triple jugement de Dieu vient d'absoudre ?

— Tous ! tous ! répondirent des milliers d'hommes qui avaient à venger sur lui un parent ou un ami.

Et ils se ruèrent menaçans sur Saphor.

— Arrière, impies ! votre Dieu protège le vainqueur ?

Et djsant ces mots d'une voix tonnante, Dominique posa sur la tête de Saphor un christ qu'il tenait à la main.

A la vue de cet homme à la face blême, à l'allure immobile, comme un habitant des tombeaux, étendant un Dieu sur son fils, comme pour l'abriter sous ce bouclier sacré, les plus rapprochés s'arrêtèrent muets d'étonnement et de terreur. Les autres qui n'avaient rien vu, rien entendu, jetaient à l'air ce cri de mort : « Au feu! au feu! l'Ours-Blanc de la Bessède ! » Les plus hardis brandirent leurs armes et s'avancèrent menaçans ; d'autres les suivirent bruyamment comme des flaques d'une eau torrenteuse. Les plus timides se hissèrent les uns sur les autres , vociférant, hurlant et pressant leurs têtes sur leurs têtès, comme les pierres d'un mur. Chaque instant aggrava la position de Saphor; mille voix l'accusèrent, pas une ne le défendit; son père même sembla faiblir; lui, eut peur. Cependant, jetant un regard sur Llinda qui, toujours juchée sur son bûcher, n'avait le sentiment ni de son état ni de ce qui se passait au-dessous d'elle, il rougit de sa faiblesse, et parut décidé à vendre chèrement sa vie.

Il leva sa hache, prêt à frapper les plus hardis.

Ce surcroît d'énergie ranima celle de Dominique.

— Maudit soit le misérable qui osera toucher à l'homme épuré par l'épreuve du sang ! s'écria-t-il en apostrophant de nouveau les assaillans.

Dix reculèrent effrayés ; cent avancèrent furibonds. Cela devait être. L'intervention des choses saintes, les menaces d'anathème suc-

cessivement employées par Dominique, n'opé-
raient que sur les plus rapprochés ; leur magique influence s'émoussait contre la rage frénétique des groupes éloignés qui vomissaient,
comme par bouffées , des flots de furieux
dont les facultés et les sens, en ce moment
d'exaltation , se résumaient en une bouche
qui bramait du sang. Vainement Saphor avait-
il compté sur son courage et sur l'inviolabilité
dont le cuirassait sa triple victoire ; vainement
Dominique, comme par une expiation tardive,
était-il entré en lice avec toute la magie des
âmes spirituelles, les croisés repoussaient toute
transaction. Le souvenir du passé absorba le
présent. Ils ne virent que l'Ours-Blanc de la
Bessède, là où ils n'auraient dû voir que le
vainqueur du duel judiciaire , le champion
survivant du jugement de Dieu. Nulle puissance humaine ne sembla pouvoir soustraire
Saphor à leurs coups. Ce malheureux vit sa

position désespérée, fixa d'un œil de mépris les mille instrumens de mort planant sur sa tête, attendit et ne sourcilla pas.

Dans ce moment, des coureurs adressés à Dominique, répandirent dans les groupes la nouvelle de l'arrivée au camp des cinquante Bons-Hommes pris à la Bessède.

Le lendemain, sur ce préau où bruissaient tant d'hommes, où s'agitaient tant de passions la veille, restaient à peine quelques cendres que le vent de la nuit avait éparpillées çà et là.

C'étaient celles des cinquante Bons-Hommes.

A leur arrivée si imprévue, Llinda, Saphor avaient dû la vie. Aucune voix n'avait plus osé demander leur mort, lorsque, par compensation et comme un éclatant témoignage de la justice du jugement de Dieu, le hasard eut amené sur le lieu du sacrifice, cinquante victimes si impatiemment attendues.

On les brûla sur l'heure.

Et après celles-là d'autres, et puis encore d'autres, jusqu'au terme de cette exécrable boucherie nommée *la Guerre des Albigeois*, et dont le résultat fut de réunir pour jamais au royaume de France ces rivages de la Méditerranée, où trente ans avant, s'embarquant pour la Terre-Sainte, Philippe-Auguste n'avait pu trouver un seul port ami.

A la faveur de cette guerre, qui dura vingt-cinq ans, Dominique jeta les fondemens de l'Inquisition dont l'organisation complète n'eut lieu qu'en 1229, au concile de Toulouse. Il donna son nom à ce trop fameux Ordre des Dominicains, en qui se sont perpétuées, depuis lui, les fonctions du saint-office.

Il fut canonisé en 1234.

La deuxième partie de la vie de Saphor et de Llinda fut aussi heureuse et tranquille, que la première avait été malheureuse et agitée.

FIN.

TABLE

DES CHAPITRES DU QUATRIÈME VOLUME.

our effet, d'alté-
pécialités.

rte de faire con—
res à révéler les

es quatre causes

it usé d'aucune
t soit révélé par

issimulé autant

nombreuses incorrections, des erreurs et des omissions graves, car on se rappelle que tout fait qui ne consiste pas uniquement dans un bénéfice ou dans une perte, nécessite au moins deux écritures, l'une à l'actif et l'autre au passif des comptes ; or, on n'a pas toujours le temps de les passer immédiatement.

Le remède aux inconvéniens que je viens de signaler, s'indiquait pour ainsi dire de lui-même. Il consiste évidemment, dans la tenue d'un registre où chaque fait soit constaté en une seule énonciation, et autant que possible, en premier lieu.

Ce registre, d'une utilité indispensable, a été nommé *Journal*, parce qu'il est de régle que les écritures y soient passées jour par jour et par ordre de date.

Quant à la forme ⸻ oit être tenu comme